Dalai Lama

Mitgefühl

HERDER spektrum

Band 5950

Das Buch

Was kann ich tun, damit mein Denken positiver wird? Wie kann ich schwierige Situationen bei der Arbeit und im Privaten verbessern? Wie überwinde ich negative Gefühle wie Neid und Wut? Das Mitgefühl als Schlüssel zum Lebensglück – eine Sammlung von Texten des Dalai Lama zum Thema Mitgefühl, die sich nicht speziell an Buddhisten wendet, sondern an weltoffene Menschen jedweder religiöser Orientierung. Die Texte sind ohne Kenntnis der buddhistischen Gedankenwelt leicht verständlich, ihr Ziel ist, es, konkrete Ratschläge zu allgemeinen Lebensproblemen zu geben. Der Dalai Lama in der „Bibliothek der Spiritualität": Worte, die unmittelbar zu Herzen gehen – und das Herz öffnen für das Leben.

Der Autor

Tenzin Gyatso, 14. Dalai Lama, geb. 1935, Friedensnobelpreisträger, ist der wohl bedeutendste Repräsentant des Buddhismus und weltweit unumstritten einer der großen Denker der Weisheit.

Die Herausgeberin

Ulla Bohn, geb. 1967, Journalistin, Reporterin und freie Autorin, Herausgeberin zahlreicher Anthologien. Lebt mit ihrer Familie in Wien.

Dalai Lama

Mitgefühl
Öffne dein Herz

Herausgegeben von Ulla Bohn

HERDER

FREIBURG · BASEL · WIEN

Originalausgabe

© Verlag Herder GmbH, Freiburg im Breisgau 2008
Alle Rechte vorbehalten
www.herder.de

Umschlaggestaltung und -konzeption:
R·M·E München / Roland Eschlbeck, Liana Tuchel
Umschlagmotiv: © Mauritius

Satz: Dtp-Satzservice Peter Huber, Freiburg
Herstellung: fgb freiburger graphische betriebe
www.fgb.de

Gedruckt auf umweltfreundlichem,
chlorfrei gebleichtem Papier
Printed in Germany

ISBN 978-3-451-05950-6

Inhalt

Vorwort

Er wird verehrt als Verkörperung des „Buddha des Mitgefühls" – und tatsächlich: Wer dem Dalai Lama begegnet, hat den Eindruck, er nehme wirklich aus ganzem Herzen Anteil an seinem Gegenüber. Ob da ein Fremder vor ihm steht oder ein alter Freund, ob dieser Mensch reich ist oder arm, schön oder hässlich, berühmt oder unbedeutend, das macht für den Mann im dunkelroten Mönchsgewand keinen Unterschied: „Ich versuche, jeden, dem ich begegne, wie einen alten vertrauten Freund zu behandeln. Das gibt mir ein echtes Glücksgefühl; denn es ist die Praxis des Mitgefühls."

Mitgefühl zu leben – darin sieht der Dalai Lama den Inhalt und das Ziel seines Lebens: „Die Aufgabe des Menschen besteht darin, anderen zu helfen. Das ist es, was ich weitergeben möchte. Das ist es, was ich glaube", sagt er. Und er überzeugt damit nicht nur seine Anhänger. 44 Prozent der Deutschen sehen im Dalai Lama ein Vorbild – seine Herzensgüte, seine Weisheit, seine Bescheidenheit, sein Humor, das beeindruckt auch Nicht-Buddhisten.

Zweimal hatte ich selbst die große Ehre, den Dalai Lama persönlich zu treffen. Durfte die ungeheure Aufmerksamkeit erleben, die er jedem schenkt, mit dem er spricht, durfte sein heiteres, dröhnendes Lachen hören. „Eure Heiligkeit, Sie scheinen immer gut gelaunt zu sein. Kommt es auch vor, dass Sie wütend werden?", fragte ich ihn. „Oh ja, natürlich", antwortete er lachend, „in meinem indischen Wohnort Dharamsala füttere ich oft die Vögel. Wenn dann ein Falke kommt und einen der Vögel schnappt, dann gerate ich in Wut. Manchmal nehme ich sogar ein Gewehr und schieße." Das klang aus seinem Mund so unglaublich, dass ich nachfragte: „Sie töten den Falken?" „Nein, ich erschrecke ihn nur", sagte er und brach wieder in dieses naturgewaltige Lachen aus, das man nie vergisst.

Doch bei allem Humor bleibt der Dalai Lama immer auch ein ernsthafter Weiser, dessen Mitgefühl sein ganzes Denken durchdringt. Auf die Frage nach seiner Sicht des Christentums antwortete er mir: „Die Philosophie des Schöpfergottes hat ihre eigene Schönheit. Sie gibt uns das Gefühl von Vertrautheit mit Gott. Was ist Gottes Wunsch? Dass wir ein gutes Herz haben und dass die Liebe zu Gott sich in der Liebe zum Nächsten zeigt. Der buddhistische Weg ist anders: Du bist dein eigener Herr. Wenn du ein gutes Herz hast, wirst du dafür belohnt, wenn du Hass aussendest, wirst du leiden. Aber das Ziel von Christentum und Buddhismus ist das gleiche: Liebe und Mitgefühl gegenüber allen Lebewesen." Mitgefühl und liebevolle Zuwendung zum Nächsten – diese Tugenden sind für gläubige Christen nicht weniger bedeutsam als für Buddhisten.

Wo auch immer in der Welt der Dalai Lama auftritt, wollen Tausende ihn sehen und erleben. Was macht diesen Mann für die unterschiedlichsten Menschen auf allen Kontinenten so überzeugend? Wahrscheinlich, dass er praktiziert, was er verkündet. Er zeigt durch sein Leben, dass man sich Mitgefühl erarbeiten muss und kann. Bescheiden nennt er sich einen „einfachen Mönch". In seiner täglichen Praxis ist er ein Vorbild für jeden Übenden – sein Tag beginnt um halb vier Uhr morgens mit innerer Besinnung. Er betet, meditiert oder studiert jeden Tag mindestens fünfeinhalb Stunden – und nutzt zusätzlich jede kleine Pause in seinem vollen Terminkalender für Gebete. Immer wieder betont er, dass stetes Streben jeden Übenden vorwärts bringt.

Was ihn noch mehr zum Vorbild macht, ist, dass er sich die Heiterkeit des Herzens bewahrt hat, obwohl er selbst Schlimmstes durchlebt hat. Nach der Besetzung Tibets durch China musste er 1959, als 23-jähriges weltliches und geistliches Oberhaupt Tibets, unter Lebensgefahr aus seiner Heimat fliehen. Musste fortan aus dem indischen Exil hilflos mitansehen, wie die Menschen in seiner Heimat entrechtet, ihre Religion unterdrückt und Mönche brutal ermordet wurden.

Und dennoch – gerade unter diesen grausamen Umständen zeigt sich die Größe des Dalai Lamas, der selbst angesichts schwierigster Lebensumstände nie verbittert ist, der diesen sogar noch Positives abgewinnt. Der Weg des Mitgefühls, den der Dalai Lama unbeirrt beschreitet, er endet nicht vor dem Feind, im Gegenteil, gerade aus den härtesten Prüfungen bezieht er seine größte Stärke.

Die Bedeutung des Mitgefühls, dieser zentralen Säule von Christentum und Buddhismus – der Dalai Lama hat uns dazu viel zu sagen. Er lehrt uns Mitgefühl in allen Aspekten, zeigt uns, wie man es trotz persönlicher Schwierigkeiten in sich wachsen lassen kann und erklärt, wie gelebtes Mitgefühl uns zu wahrem innerem Glück verhilft, ja sogar weltweit die Lösung vieler großer Probleme wäre. Darum appelliert er: „Kultivieren wir Liebe und Mitgefühl, die dem Leben wirklich einen Sinn zu geben vermögen. Alles andere ist nebensächlich."

Ulla Bohn, Wien im Dezember 2007

1

MITGEFÜHL –
EMPFÄNGLICH SEIN FÜR DIE NÖTE ANDERER

Das Leiden anderer teilen

Wenn man leidet, dann spürt man in diesem Moment nicht nur den Schmerz und das Missbehagen, sondern auch eine Art Hilflosigkeit und Entmutigung. Man ist völlig von diesem Leiden eingefangen und von einer Art Dunkelheit umgeben. Mitgefühl ist dann vorhanden, wenn man sich wegen des Leidens anderer Sorgen macht und mit ihnen dieses Leiden teilt vor dem Hintergrund, dass alle Menschen denselben Anspruch haben, glücklich zu sein. In dem jeweiligen Moment mag das Leiden bei uns Mitfühlenden ein gewisses Unbehagen auslösen, aber dieses Unbehagen nehmen wir aus guten Gründen freiwillig hin, denn wir setzen unseren Entschluss, das Leiden anderer zu teilen, in diesem Moment um. Daher hinterlässt dieses empfundene Unbehagen auch keinerlei Spuren in unserem Geist. Man muss sehr offenen und klaren Geistes sein, wenn man freiwillig das Leiden anderer auf sich nimmt.

Pfad

Was ist wirkliches Mitgefühl?

Im Allgemeinen gehen wir beim Mitgefühl als einem Gefühl von Nähe zu unserem Freundeskreis aus, aber eigentlich ist diese Sichtweise durch unsere geistige Projektion einseitig gefärbt. Solange der „vertraute" Mensch ein naher Freund oder eine enge Freundin ist, haben wir ihn oder ihr gegenüber eine positive Einstellung. Sobald sich jedoch Gesinnung und Gefühle ändern, verschwindet auch dieses Mitgefühl bzw. Mitfühlen. Im Grunde handelt es sich also nicht um aufrichtiges Mitgefühl, sondern um eine von sich leicht ändernden Emotionen abhängige Bindung.

Echtes und tiefes Mitgefühl bedeutet, dass wir uns auf eine soziale menschliche Situation einlassen und uns mit ihr und den darin beteiligten Personen auseinandersetzen, gleichgültig ob diese uns nahe stehen oder nicht. Unverändert bleibt damit die Tatsache bestehen, dass die betreffende Person ein Problem hat und leidet; und sie besitzt dasselbe Anrecht darauf wie ich, Leiden zu überwinden und glücklich werden zu können.

Pfad

Wahres Mitgefühl ist nicht nur eine vordergründige Gefühlsreaktion, sondern eine uneingeschränkte moralische Verpflichtung, die auf Vernunft gründet. Eine Haltung, die durch aufrichtiges Mitgefühl anderen Mitmenschen gegenüber geprägt ist, ändert sich auch dann nicht, wenn Menschen sich negativ und bösartig verhalten. Durch allgemeine Selbstlosigkeit entwickelt man ein Verantwortungsgefühl für andere: den Wunsch, ihnen tatkräftig zu helfen, ihre Probleme zu überwinden.

Mitte

Mitgefühl ist grundsätzlich sanft, friedfertig und warmherzig, es kann aber auch mächtig und kraftvoll in seiner Wirkung sein. Menschen, die leicht die Geduld verlieren, sind zumeist unsicher und unausgeglichen. So gesehen ist meiner Meinung nach das Aufwallen von Zorn ein unmittelbares Zeichen von Schwäche.

Mitte

Ich versuche, jeden, dem ich begegne, wie einen alten vertrauten Freund zu behandeln. Dies gibt mir ein echtes Glücksgefühl; denn es ist die Praxis des Mitgefühls. *Mitte*

Die Übung des Gebens und Nehmens

Für uns ist ein *Bodhisattva* ein „Wesen der Erleuchtung", das aus Mitleid mit allen anderen Wesen so lange auf die *Buddhaschaft* verzichtet – das heißt die vollkommene Erleuchtung –, bis es ihnen zur Erlösung verholfen hat. Ein *Bodhisattva* wird aufgrund seines eigenen Wunsches wiedergeboren. Er nimmt es also freiwillig auf sich, im Daseinskreislauf der Wiedergeburt, im *Samsara,* zu verbleiben, um anderen beizustehen. Er will eigenes Leid stellvertretend für andere auf sich nehmen. Man nennt das die „Übung des Gebens und Nehmens", bei der das Leid der anderen übernommen und das eigene Glück an sie weitergegeben wird.

Ein Symbol dafür, dass der *Bodhisattva* die Begierden und Leidenschaften des Lebens überwunden hat, ist die Lotusblüte. Diese wunderschöne Blume wächst im Schlamm, und doch bleibt ihre weiße Farbe vom Schmutz unversehrt. Daraus entwächst eine Kraft, die widerstandsfähig gegen die Wirrungen des Werdens und Vergehens macht. *Bodhi* heißt das Verstehen des eigentlichen Wesens der Wirklichkeit oder die Weisheit, und ein *Sattva* ist jemand, der aus allumfassendem Mitgefühl handelt. Nach dem *Bodhisattva*-Ideal soll man danach streben, mit unendlicher Weisheit ein nicht endendes Mitgefühl zu üben.

Weisheit

Mitgefühl kann eigene Schmerzen lindern

Als ich vor einiger Zeit in Bodh Gaya war, erkrankte ich aufgrund einer chronischen Darminfektion. Auf dem Weg ins Krankenhaus hatte ich heftige Schmerzen und ich schwitzte sehr stark. Das Auto fuhr durch die Gegend des Geierberges (Buddha hat dort gelehrt), wo die Dorfbewohner sehr arm sind. Der indische Bundesstaat Bihar, in dem der Geierberg liegt, ist allgemein sehr arm, aber in dieser Gegend sind die Menschen noch viel ärmer. Ich habe noch nicht einmal Kinder gesehen, die auf dem Weg zur oder von der Schule waren. Nur Armut. Und Krankheit. Ich erinnere mich lebhaft an einen kleinen Jungen mit Kinderlähmung, der rostige metallene Stützbänder an seinen Beinen hatte und metallene Krücken, die er unter die Achseln geklemmt hatte. Es war offensichtlich, dass er niemanden hatte, der nach ihm schaute. Ich war zutiefst berührt. Ein wenig später sah ich an einem Teestopp an der Straße einen alten Mann, der nur mit einem schmutzigen Stück Stoff bekleidet war. Er war auf den Boden gefallen und dort liegen geblieben, und niemand kümmerte sich um ihn.

Später im Krankenhaus drehten sich meine Gedanken weiter um das, was ich gesehen hatte, und ich dachte darüber nach, wie traurig es ist, dass ich Menschen hatte, die sich um mich kümmerten, während diese armen Menschen dort auf der Straße niemanden hatten. Ich habe meine Gedanken darauf gelenkt, nicht auf mein eigenes Leiden. Obwohl mir der Schweiß am Körper herunterlief, waren meine Sorgen woanders.

Auf diese Weise litt mein Geist weder Furcht noch Unbehagen, obwohl mein Körper starke Schmerzen durchmachte, die mich am Schlafen hinderten (es hatte sich ein Loch in der Darmwand gebildet). Es hätte die Lage nur verschlimmert, wenn ich mich auf meine eigenen Probleme konzentriert hätte. Das ist ein Beispiel aus meiner eigenen kleinen Erfahrung, wie eine Haltung des Mitgefühls einem selbst hilft und bis zu einem gewissen Grad körperlichen Schmerz unterdrückt und geistige Qualen fernhält, trotz der Tatsache, dass anderen dadurch vielleicht nicht direkt geholfen werden kann.

Mitgefühl stärkt Sie, und mit diesem Mut sind Sie entspannter. Wenn Sie das Leiden einer grenzenlosen Anzahl von Lebewesen im Blick haben, dann erscheint Ihnen Ihr eigenes Leiden kleiner.

Sinn

Wie wir denken und handeln sollen

Unsere Einstellung zu anderen Menschen sollte immer positiv sein. Ihr Wohl sollte uns am Herzen liegen, und wir sollten nicht mitleidig mit ihnen umgehen. Vor allem sollten wir sie mit Respekt behandeln, denn sie sind kostbar. Wir sollten sie als geheiligt und über uns stehend betrachten.

Mitte

Ich möchte sagen, dass die Essenz der Lehre des Buddha in zwei Sätzen zu finden ist:

Hilf anderen, falls möglich.

Falls das nicht möglich ist, füge zumindest niemandem Schaden zu.

Mitte

Von der wahrhaftigen Liebe

Leidenschaft und Liebe können sehr starke Gefühle hervorrufen und enge Bindungen schaffen, aber im Grunde genommen handelt es sich bei dieser Anhänglichkeit um eine Abhängigkeit. So lange die andere Person uns schön und gut erscheint, besteht unsere Liebe, sobald jedoch sie oder er einen weniger schönen oder guten Eindruck vermittelt, ändert sich auch unsere Liebe schlagartig. Die von uns einst geliebte Person ist ja immer noch dieselbe, und dennoch sehen wir in ihr plötzlich unseren Gegner, wenn nicht sogar unseren Feind. Statt Liebe empfinden wir Hass und Feindseligkeit. Wäre unsere Liebe echt und wahrhaftig, würden das Erscheinungsbild oder Verhalten der anderen Person keinen Einfluss auf unsere Haltung ihr gegenüber haben. Aufrichtiges Mitgefühl und wahre Liebe nähren sich aus unserer Erkenntnis des Leids im anderen; wir spüren dann, dass wir eine Verantwortung tragen und wollen dem anderen Gutes tun.

Mitte

Für mein Verständnis sollten Zuneigung oder Liebe keinem Zweck dienen; man zeigt oder gibt Zuneigung nicht mit einer dahinterstehenden Absicht, im Gegenzug etwas dafür zurückzuerhalten. In diesem Sinn geht es bei Liebe und Zuneigung auch nicht um ein Gefühl und in ähnlicher Weise können wir sagen, dass wahres Mitgefühl ohne jede Anhaftung ist. Dies steht völlig im Gegensatz zu unserem gewohnten Denken. Es ist nicht dieses besondere Geschehen oder jenes schreckliche Unglück, das uns rührt; wir wählen nicht, ob wir diesem oder jenem Menschen unser Mitgefühl gewähren. Unser Mitgefühl ist vielmehr unabhängig, spontan und frei von jeder Berechnung, etwas als Dank dafür zu erhalten, und es ist allumfassend. *Mitte*

Verantwortung für andere

Ob als Mönch oder als Staatsoberhaupt, anderen beizustehen ist für mich der Sinn des Lebens. Besonders die sechs Millionen Tibeter setzen alle ihre Hoffnungen in mich. Daher liegt eine beträchtliche Verantwortung auf meinen Schultern. Ich sehe natürlich in erster Linie meinen Auftrag darin, meinem Volk zu helfen und ihm mit vollem Einsatz zu dienen. Durch die aufrichtige Hilfe für andere hat man einen doppelten Gewinn, denn man wird dabei auch selbst glücklich.

Weisheit

Eigene Grenzen akzeptieren

Negativ besetzte Gefühle und Haltungen stören unseren inneren Frieden, bringen unser seelisches Gleichgewicht durcheinander. Treten Hass, Eifersucht und Gier auf, gibt es keinen geistigen Frieden mehr. Es kann sich aber auch ein Gefühl des Missbehagens entwickeln, wenn man, durch sein starkes Mitgefühl *(Karuna)* geprägt, andere leiden sieht; dieses unangenehme Gefühl beim Anblick des Leidens anderer ist jedoch in diesem Fall nicht negativ zu bewerten, denn es beruht ja auf unserem Mitgefühl. Wir akzeptieren also das negative Gefühl, wobei unsere tiefe Ruhe und Ausgeglichenheit ungestört bleiben.

Pfad

Wenn man noch am Anfang eines Lebens nach buddhistischen Grundsätzen steht, kann man anderen nur begrenzt
helfen und dienen, denn das Hauptgewicht liegt in dieser
Phase noch darauf, sich selbst zu heilen, seinen Geist und
sein Herz zu ändern und zu reinigen. Wenn man aber weiter übt, wird man innerlich stärker und ist zunehmend in
der Lage, anderen zu dienen. Bis es jedoch so weit ist, kann
es durchaus sein, dass wir von den Problemen und Leiden
unserer Mitmenschen überwältigt sind, so sehr, dass wir
uns erschöpft und unfähig fühlen, anderen zu helfen, von
uns selbst gar nicht zu reden. Dabei die eigenen Grenzen
zu spüren und diese akzeptieren zu müssen, ist ganz natürlich.

Mitte

Hilft man Menschen, die sehr leiden, und spürt dabei, dass
man selbst erschöpft und kraftlos wird, sollte man sich
zum Wohle aller für eine Zeit lang zurückziehen und er-
holen, denn wichtiger ist, dass man auf lange Sicht eine
sinnvolle und nützliche Hilfe leisten kann und nicht nur
für einen kurzen, begrenzten Moment.

Mitte

Hingabe in schwerster Stunde

Es gibt drei verschiedene Arten von altruistischer Einstellung, die man in drei verschiedenen Typen von Menschen finden kann. Die erste Art ist die eines Königs, der zuerst *Buddhaschaft* erlangen möchte als die wirksamste Methode, anderen Lebewesen zu helfen. Die zweite Art ist die eines Fährmanns, der wünscht, zusammen mit allen anderen Lebewesen das jenseitige Ufer der Erleuchtung zu erreichen. Die dritte Art ist die eines Hirten, der wünscht, dass alle anderen zuerst, vor der eigenen Erleuchtung, diese erlangen mögen.

Die beiden letzten Vergleiche weisen nur auf die mitfühlende Haltung eines bestimmten Charaktertyps von Übenden hin. In Wirklichkeit gibt es den Fall des Fährmanns, dass alle gleichzeitig, oder den des Hirten, dass alle vor einem selbst die Erleuchtung erreichen, gar nicht. Vielmehr kommt die Erleuchtung immer auf die erste Art, der eines Königs, da *Bodhisattvas* sich schließlich dafür entscheiden, so schnell wie möglich erleuchtet zu werden, damit sie anderen in unermesslichem Ausmaß wirkungsvoller helfen können. Der tibetische Weise Sakya Pandita sagt in seiner *Unterscheidung der drei Gelübde,* dass *Bodhisattvas* zwei Arten von Wunschgebeten haben: solche, die verwirklicht und solche die nicht verwirklicht werden können. In *Shantidevas „Eintritt in das Leben zur Erleuchtung"* gibt es viele Beispiele für Wünsche, die eigentlich gar nicht erreicht werden können, die aber dazu beitragen, einen starken Willen und große Entschlusskraft zu entwickeln. Beispielsweise ist die Übung, das eigene Glück zu verschenken und das Leiden der anderen auf sich zu nehmen, nicht wirklich möglich, außer vielleicht bei kleineren Arten des Leidens. Genauso wie es der Sinn dieser Übung – obwohl eigentlich unrealistisch – ist, die Tapferkeit des Mitgefühls zu vergrößern, dienen die Vergleiche des Bootsführers und des Hirten dazu, darauf hinzuweisen, auf welch gewaltige und wirksame Weise *Bodhisattvas* sich wünschen, anderen zu helfen.

Lassen Sie mich ein Beispiel geben für solch eine Hingabe, die auf die Ebene tief greifender Erfahrung gebracht wurde. Es gab einen gelehrten Übenden im Kloster Drashikyil in der nordöstlichen Provinz Tibets, die Amdo genannt wird. 1950 sind die Chinesen dort einmarschiert und haben 1000 der 3000 Mönche des Klosters verhaftet, und 100 von ihnen wurden selektiert, um hingerichtet zu werden. Der gelehrte Übende war einer von ihnen. Als er zur Hinrichtungsstelle geführt wurde, betete er, unmittelbar bevor er erschossen wurde:

Mögen all die schlechten Taten, Hindernisse und Leiden der fühlenden Wesen,
jetzt im Augenblick, ohne Ausnahme, auf mich übertragen werden,
Und mögen mein Glück und meine Verdienste anderen zukommen.
Mögen alle Lebewesen von Glück erfüllt sein.

Nur wenige Augenblicke vor seiner Hinrichtung hatte er die spirituelle Gegenwärtigkeit, sich an die Übung zu erinnern, das Leiden anderer auf sich zu nehmen und das eigene Glück zu verschenken! Es ist einfach, über eine solche Übung zu sprechen, wenn alles glatt läuft. Er aber war imstande, diese Übung in seiner schwersten Stunde durchzuführen. Das ist ein deutlicher Hinweis auf spirituelle Verwirklichung, die durch lange Übung erworben worden ist.

Weg

Gewalt mit reiner Motivation

Nehmen wir an, ein Mann, der eine Straße entlanggeht, sieht eine Gruppe von Personen, die gerade im Begriff ist, Gewalt gegenüber jemanden auszuüben, der sich nicht wehren kann oder nicht fliehen kann – ein alter Mensch, eine Frau, ein Kind. In diesem Fall müsste der Mann körperlich einschreiten, um der schutzlosen Person zu helfen, seine Motivation wäre absolut rein. Auch wenn er eine gewalttätige Handlung ausüben würde, wären die karmischen Wirkungen für ihn positiv. Offensichtlich ist es sehr schwierig, eine reine Motivation während einer negativen Handlung zu bewahren. Um so etwas aushalten zu können, muss man ein ausgesprochen hohes Maß an Selbstkontrolle besitzen.

Vision

Wer nur aufs eigene Wohl bedacht ist, wird nicht glücklich

Unsere selbstbezogene Haltung lässt uns oft engstirnig werden; wir glauben, wir seien außerordentlich wichtig und bedeutend, und unser Sinnen und Trachten zielt nur darauf ab, glücklich zu sein und alles allein zu unseren Gunsten zu lenken. Und dennoch können wir nie genau wissen, auf welche Weise uns dies gelingen kann. In der Tat ist es doch so, dass unser nur auf eigenes Wohl bedachtes Handeln uns gar nicht glücklich machen kann. *Mitte*

Jedes Lebewesen könnte einmal
unsere Mutter gewesen sein

Nach unserer Lehre kommen wir alle unzählige Male auf diese Welt. Daher stellen wir uns vor, dass jedes Lebewesen irgendwann einmal ein Elternteil von uns gewesen ist. Die buddhistische Tradition lehrt uns, jedes Lebewesen als „unsere geliebte Mutter" anzusehen, der man Dankbarkeit erweisen soll. Sowohl am Beginn als auch am Ende unseres Lebens sind wir auf die Zuwendung und die Pflege der anderen Menschen angewiesen. Warum sollen wir uns dann nicht in der Phase unseres Lebens, in der wir für uns selbst sorgen können, um andere Menschen kümmern? Das betrifft auch Leute, die nicht religiös sind. Für jeden beginnt das Leben mit der Beziehung zwischen Mutter und Kind. Bereits am ersten Tag richtet das Kind sein ganzes Vertrauen auf die Mutter. So entsteht ein Urvertrauen in das Leben.

Weisheit

Mitleid ist kein Mitgefühl

Wenn man jemanden bemitleidet, kann es leicht dazu kommen, dass man auf sein Leben und sein Schicksal herunterblickt. Das wollen wir auf keinen Fall. Die liebende Hinwendung in buddhistischer Sicht besagt, dass man den anderen wirklich ernst nimmt. Die Liebe muss auch unbefangen sein und darf nicht bei der Sympathie, die man für Freunde oder die eigene Familie empfindet, haltmachen. Sie schließt auch die Gegner mit ein. *Weisheit*

Liebe ist die Quelle unseres Lebens

Eltern müssen ihr Kind nicht nur äußerlich, sondern auch innerlich wärmen. Sie müssen ihrem Kind eine Atmosphäre der Geborgenheit schaffen, in der es sich geliebt und angenommen fühlt. Es gibt viele ungewollte Kinder, um die sich die Eltern kaum scheren. Das kann dann dazu führen, dass sie später, wenn sie Jugendliche geworden sind, nicht mehr weiterleben wollen. [...]

Die liebende Zuwendung für ein neugeborenes Kind ist die Voraussetzung, dass es sich geistig und körperlich richtig entwickeln kann. Das gilt bereits für die Zeit, in der ein Säugling die Bedeutung der Worte noch nicht verstehen kann. Man meint vielleicht, es käme nicht so darauf an, was man zu so einem kleinen Wesen sagt, es versteht ja ohnehin nichts. Ärzte, die sich auf die Entwicklung des kindlichen Hirns spezialisiert haben, versicherten mir aber, dass besonders die Wochen nach der Geburt entscheidend für die Entwicklung des menschlichen Gehirns seien.

Da wirkt sich also die Liebkosung eines Babys günstig auf seine spätere geistige Entwicklung aus. Schon ein Kind spürt, wie wichtig die Liebe für den Menschen ist. Ob man Mitgefühl und liebende Hinwendung erfährt oder nicht, das merkt man bereits am Anfang seines Lebens. Liebe ist die Quelle unseres Lebens. Sie ist für den Menschen so wichtig wie das Wasser für den Fisch.

Weisheit

Zuneigung macht stark

Kinder, die in der liebenden Atmosphäre eines Elternhauses aufwachsen, werden sich eher seelisch gesund entwickeln. Sie werden auch in der Schule besser lernen und erfolgreicher sein. Doch der liebevolle Umgang mit Kindern und Jugendlichen soll sich nicht nur auf das Elternhaus beschränken. Auch in der Schule macht es einen großen Unterschied, wie Lehrer ihren Schülern begegnen. Wenn sie kalt, abweisend und ungerecht zu den Schülern sind, werden die Schüler weniger Gefallen am Wissen bestimmter Fachgebiete finden. Zeigen sie hingegen Zuneigung und Mitgefühl und Verständnis, dann werden die Schüler dem Unterricht mit einem viel größeren Interesse folgen.

Jemand, der ohne Zuneigung aufwachsen muss und dadurch einen Schaden erleidet, befindet sich in einer ganz anderen Lage. Wenn man keine Liebe erfahren hat, weiß man auch nicht, was das ist, und die Beziehungen zu anderen werden oft schwierig. Das könnte als Grundlage für eine allgemeine Ethik unabhängig von Religionen betrachtet werden, Verstehen, Erbarmen und Zuneigung, die man selbst erfahren hat, an andere weiterzugeben. Die Liebe in der ersten Zeit menschlichen Lebens ist also eine der wichtigsten Voraussetzungen für die ausgewogene Entwicklung der menschlichen Natur. Fehlt sie, dann fühlen sich die Menschen zeit ihres Lebens verunsichert und werden von allen möglichen Ängsten geplagt. *Weisheit*

Ohne Mitgefühl gibt es kein Überleben

Aus einem weiten Blickwinkel gesehen haben alle Menschen ja nur durch die Fürsorge ihrer Mütter oder einer mütterlichen Person überlebt, für die sie wiederum Anteilnahme und Mitgefühl hegten. Ohne gegenseitige Fürsorge und Mitgefühl ist kein Überleben möglich; das Überleben so vieler Milliarden von Menschen ist lebender Beweis dieser Tatsache. Ein weiterer Grund ist unser (menschlicher) Körper: negative Gefühle beeinträchtigen unsere Gesundheit, gute Gefühle oder geistiger Frieden wirken sich positiv auf unseren Körper aus; dies ist meine Grundüberzeugung. Das heißt nun nicht, dass wir keinerlei negative Aspekte oder Elemente in unserer Natur vorfinden würden; negative Gefühle sind auch Teil unseres Geistes. Ich meine jedoch, dass man am besten und wirksamsten seine Mitmenschen und ihre innere Einstellung ändert, indem man Mitgefühl und Anteilnahme zeigt und sie nicht seinen Zorn spüren lässt. Es ist schwierig, ohne Mitgefühl zu überleben. Ohne Zorn und Groll ist nicht nur das Überleben einfacher, sondern das Leben überhaupt wird glücklicher. Für mich ist die entscheidende Kraft in unserem Leben die liebevolle Zuneigung des Menschen zu seinem Mitmenschen.

Pfad

Auch Widerstand kann aus Mitgefühl entstehen

Auf lange Sicht sind Menschen, die ihren Mitmenschen mit Mitgefühl begegnen, die glücklicheren Menschen. Es mag zutreffen, dass man durch ethisch abzulehnende Handlungen kurzfristig für sich Gewinne und Vorteile herausschlagen kann, aber tief innen wird man immer eine gewisse Unzufriedenheit verspüren.

Wenn ich auf die Notwendigkeit und Bedeutsamkeit hinweise, Mitgefühl zu kultivieren, dann rede ich damit auf keinen Fall einer passiven Haltung das Wort. In unserer vom Wettbewerb geprägten Gesellschaft treten immer wieder Situationen auf, in denen wir eine klare Stellung beziehen, vielleicht sogar Widerstand leisten müssen. Indem wir unsere friedfertige Motivation und unsere mitfühlende Haltung anderen Menschen gegenüber nicht aufgeben – denn wir wollen ihnen ja damit nützen –, schaffen wir einen positiv gestimmten geistigen Raum, in dem wir unsere – wenn bestimmte Umstände es erfordern, auch harte – Position verteidigen können.

Pfad

Selbstgefälligkeit vermeiden

Wenn wir uns vermehrt geistig mit uns und der Welt auseinandersetzen und dabei verstärkt Weisheit und Mitgefühl mit einfließen lassen, werden wir immer wieder mit dem Leiden anderer Lebewesen konfrontiert werden – wir haben dann allerdings auch die Fähigkeit, die Tiefe dieses Leidens zu erkennen und darauf mitfühlend zu reagieren, anstatt in Gleichgültigkeit und Ratlosigkeit zu verfallen. Wenn wir über das Leiden nachdenken, sollten wir uns dabei jedoch nicht wichtig oder erhaben vorkommen. Weisheit zu üben schützt uns davor. Andererseits ist es schwierig, darüber eine allgemeingültige Aussage zu machen, weil der Mut, die Zivilcourage und die Geduldsfähigkeit bei jedem Menschen unterschiedlich ausgeprägt sind.

Mitte

Mitgefühl ist unabhängig von Religion

Ich bin davon überzeugt, dass jene, die mit ihrer hohen Intelligenz und ihren außergewöhnlichen Fähigkeiten andere Menschen oder Situationen nur zugunsten ihrer eigenen egoistischen Interessen manipulieren, dies eines Tages zutiefst bereuen werden.

Ich glaube und meine, dass sowohl Menschen als auch Tiere eine angeborene Wertschätzung für Wahrheit haben. Behandeln wir einen Hund oder eine Katze offen und ehrlich, werden sie dies zu schätzen wissen. Hintergehen wir sie jedoch, d. h. begegnen wir ihnen nicht vertrauensvoll, dann erkennen sie dies und werden ihre Ablehnung unseres Verhaltens auf ihre Weise zeigen. Wenn ein Mensch mit einem anderen offen und aufrichtig umgeht, wird dies folglich auch geschätzt. Führen wir unsere Mitmenschen jedoch hinters Licht, werden sie dementsprechend reagieren, wobei es dabei keine Rolle spielt, ob sie reich oder arm, gebildet oder ungebildet, gewitzt oder einfältig, gläubig oder ungläubig sind. Demnach gibt es Mitgefühl, Aufrichtigkeit und Ehrlichkeit dann, wenn wir Menschen im Grunde genommen nicht hintergehen wollen, weil wir alle – ungeachtet aller Unterschiede – gleicherweise berechtigt sind, glücklich zu sein. Mitgefühl ist [...] eine Verbindung von Sorge, Mitempfinden und Interesse, einem Gefühl von Nähe und einem Gespür für Verantwortung.

Einige Menschen meinen, dass Mitgefühl, Liebe und Vergebung religiöse Aspekte sind. Aber dem ist ganz und gar nicht so. Liebe und Mitgefühl bzw. Mitempfinden (was nicht mit Mitleid zu verwechseln ist) sind unabdingbar. Keinesfalls können wir diese Elemente menschlichen Lebens ignorieren, wobei es dabei völlig irrelevant ist, ob wir irgendeiner Glaubensrichtung angehören oder nicht. Diese Elemente sind notwendig, wenn wir glücklich und gute Mitglieder unserer Gesellschaft sein wollen.

Pfad

Trotz aller Unterschiede in ihren Glaubensgrundsätzen besitzen alle Religionen für die Menschen eine ähnliche Botschaft und gleiche moralische Hilfen. Es gibt außergewöhnliche Menschen, die verschiedenen Religionen angehören und in gleicher Weise ihr geistiges und spirituelles Inneres umgewandelt haben – und heute in der Tat die Fähigkeit zu starkem Mitgefühl haben und sehr weise sind. Daraus darf man schließen, dass es allen diesen teilweise grundverschiedenen Traditionen möglich ist, solche tief in das Innere des Menschen eingreifenden Veränderungen herbeizuführen.

Pfad

Die Liebe zu Gott zeigt sich
in der Einstellung zum Nächsten

Nicht selten reizt eine Situation, negative Dinge zu tun, aber aus dem Wunsch heraus, ein treuer Anhänger seines jeweiligen Glaubens sein zu wollen, unterlässt man solche Handlungen. Dies ist eine gute Art, sich innerlich weiterzuentwickeln und seinen Charakter zu bessern. Die Echtheit unserer Liebe zu Gott spiegelt sich in unserer Liebe zu unserm Nachbarn. In meinen Augen liebt derjenige Gott ehrlich, der aufrichtiges Mitgefühl, unverfälschte Freundlichkeit und echte Liebe gegen seine Brüder und Schwestern walten lässt. Einige Menschen lassen sich angesichts von Christusbildern oder anderen Darstellungen verschiedener Gottheiten zu Tränen hinreißen, aber in ihrem alltäglichen Handeln lassen sie Mitgefühl und Nächstenliebe vermissen. Echtes Mitgefühl und Glaube an Gott können Angst und Furcht abschwächen, was aber nicht bedeuten darf, alle Verantwortung Gott zuschieben zu wollen. Gott zeigt den rechten Weg, es liegt aber in der Verantwortung des Menschen, diesen Weg tatsächlich zu beschreiten.

Pfad

2

ÖFFNE DEIN HERZ –
WIE DEIN MITGEFÜHL DICH
GLÜCKLICH MACHT

Freude bereiten macht glücklich

Verursachen wir anderen Schmerz, werden letztendlich wir selber leiden – das ist nur logisch. Bereiten wir ihnen jedoch Freude, werden wir irgendwann dafür entlohnt und Befriedigung erlangen. Wir mögen keinen materiellen Gegenwert erhalten, was auch völlig irrelevant wäre – geistig werden wir jedoch eine hohe Befriedigung empfinden. Damit wir ein von Sinn und Glück erfülltes Leben führen können, sollten wir die einmaligen menschlichen Qualitäten und Merkmale wie Intelligenz, die Fähigkeit zum Altruismus und zur Fürsorge konstruktiv anwenden. Liebe, Mitgefühl und die Fähigkeit zur Vergebung sind meiner Meinung nach wesentliche Charakteristika des Menschen. Der Glaube entwickelt sich erst später. Mit ihm können wir ein glückliches Leben führen, aber ohne Fürsorge, Verpflichtung und Verantwortung dem Nächsten gegenüber können wir nicht glücklich und erfolgreich sein.

Jeder von uns muss auf seine Gesundheit achten. Ein glücklicher und ruhiger Geist wirkt sich sehr positiv auf unsere Gesundheit aus. Anhaltende Sorgen und Ängste zerstören sie. Die moderne Medizin beginnt, die entscheidende Bedeutung psychischer Befindlichkeit für unsere Gesundheit zu erkennen und zu verstehen.

Auch für eine glückliche Familie, eine sorgenfreie Gesellschaft und für Gemeinschaften sind diese inneren geistigen Elemente und ihre Auswirkung nicht zu unterschätzen.

Pfad

Seien Sie auf kluge Art egoistisch

Setzen Sie die anderen an die erste Stelle, danach kommen Sie. Dies funktioniert sogar von einem egoistischen Standpunkt aus. Lassen Sie mich erklären, wie das möglich ist. Sie streben nach Glück und möchten kein Leiden. Wenn Sie anderen Menschen Güte, Freundlichkeit, Liebe und Respekt zeigen, werden diese in ähnlicher Weise darauf antworten. Damit wird sich Ihr Glück vergrößern. Wenn Sie anderen Menschen Hass und Zorn entgegenbringen, werden diese ebenso reagieren, und Sie werden Ihr eigenes Glück verlieren. Daher sage ich, dass, wenn Sie egoistisch sind, Sie auf *kluge* Art egoistisch sein sollten. Gewöhnlicher Egoismus konzentriert sich nur auf die eigenen Bedürfnisse; wenn Sie aber auf kluge Art egoistisch sind, dann behandeln Sie andere genauso gut wie diejenigen, die Ihnen nahe stehen. Letzten Endes wird diese Strategie mehr Zufriedenheit und mehr Glück hervorbringen. Auch von einem egoistischen Standpunkt aus erzielen Sie so bessere Resultate, wenn Sie andere respektieren, ihnen dienen und Ihre Ichbezogenheit vermindern.

Wenn Sie sich um andere kümmern, wird Ihr eigenes Wohlergehen automatisch erfüllt. [...]

Ein anderer Grund, warum Fürsorge für andere so wertvoll ist, besteht darin, dass sie unsere eigene Lage in einen größeren Zusammenhang stellt. Einmal war ich besonders traurig über die Lage in Tibet, aber dann habe ich mich daran erinnert, dass ich die *Bodhisattva*-Gelübde abgelegt habe und dass ich täglich über *Shantidevas* Gebet reflektierte:

Solange der Raum besteht
und solange es Lebewesen gibt,
so lange möchte auch ich dableiben,
um all ihr Leiden lindern zu helfen.

Sobald ich mich daran erinnert hatte, verschwand sofort das ganze Gefühl der Last, als ob schwere, drückende Kleidung von mir abgenommen worden wäre. Die Verpflichtung zur Nächstenliebe und Uneigennützigkeit mindert einige Ursachen für Niedergeschlagenheit, indem sie diese Ursachen in einen größeren Zusammenhang stellt. Solche Ursachen für Niedergeschlagenheit sollten uns nicht entmutigen. Die meisten eigenen Schwierigkeiten, Sorgen und Trauer in diesem Leben entstammen der Selbstsucht. Wie oben erwähnt, ist es nicht schlecht, auf kluge Art egoistisch zu sein, aber kurzsichtige Eigennützigkeit, die sich nur an sofortiger Befriedigung orientiert, ist kontraproduktiv. Eine eingeengte Perspektive macht selbst ein kleines Problem unerträglich. Indem wir Interesse an allen fühlenden Wesen haben, weitet sich unser Blickfeld, und wir werden realistischer. Auf diese Weise hilft eine uneigennützige Einstellung dabei, unseren eigenen Schmerz schon jetzt zu lindern.

Weg

Was Mitgefühl in uns bewirkt

Wir sind getrieben von Erwartungen und Befürchtungen. Es gibt so vieles in unserem Leben, das wir uns wünschen und worauf wir uns freuen. Gleichzeitig aber fürchten wir, dass es uns doch nicht zuteil oder vorenthalten wird, dass unerwartete Schwierigkeiten auftreten. Dieses ständige Wechselspiel von Erwartungen und Hoffnungen auf der einen Seite und Angst und Furcht auf der anderen Seite produziert in uns eine fortwährende Unruhe und Unausgeglichenheit des Geistes. Wie können wir diesen dauernden Streit beilegen? Der wichtigste Weg hierhin ist der Weg des menschlichen Mitgefühls. Mitgefühl verändert uns wirklich, denn es erlaubt uns, auf der wichtigsten Ebene unseres Daseins zu echter innerer Ausgeglichenheit zu kommen.

Mitgefühl bedeutet ein waches Bewusstsein für die Bedürfnisse der anderen. Mitgefühl bedeutet eine größere Aufmerksamkeit für die Glückssuche der anderen. Mitgefühl bedeutet Achtsamkeit für das Leiden anderer und Bereitschaft, ihnen zu helfen, das Leiden zu überwinden. Mitgefühl ist das Wissen um die Verbundenheit mit den andern. Dieses Bewusstsein, diese Aufmerksamkeit, diese Achtsamkeit, dieser Sinn für den anderen, diese Nähe zum anderen – diese mitfühlende Einstellung ist etwas wirklich Kostbares. Denn sie verleiht uns tatsächlich jenen inneren Frieden, nach dem wir uns sehnen. Und nicht nur das: Es fördert auch unsere Gesundheit. Denn der innere Frieden wirkt sich auf unser körperliches Befinden aus. Das innere Gleichgewicht stabilisiert auch unsere körperlichen und organischen Funktionen; es verbessert das Immunsystem.

Liebe

Ich habe für mich herausgefunden, dass die höchste innere Ruhe sich aus der Entwicklung von Liebe und Mitgefühl ergibt. Je mehr wir uns um das Glück anderer sorgen und kümmern, umso größer wird unser eigenes Wohlbefinden. Ein warmes Gefühl der Nähe zu anderen versetzt Geist und Seele in Ruhe und Ausgeglichenheit. Dies ist die entscheidende Quelle für ein erfolgreiches Leben.

Mitte

Wird Freundschaft durch Streit, Argwohn und Zorn, Eifersucht und Konkurrenz geschaffen? Ich glaube nicht. Nur Zuneigung, Liebe und Mitgefühl lassen uns zu engen Freunden werden.

Mitte

Die Basis der menschlichen Gesellschaft

Man kann beobachten, dass Menschen dazu neigen, sich verstärkt um Menschen mit großer Machtfülle zu scharen. Mir drängt sich der Eindruck auf, dass ich heute aufgrund des mir verliehenen Nobelpreises mehr Freunde habe, die jedoch vielleicht nicht die Freunde sind, auf die ich mich letztlich verlassen kann. Leute, die über Ruhm, Macht oder Reichtum verfügen, haben viele Freunde; wobei diese aber nicht unbedingt die wahren Freunde sein müssen. Denn oft fühlen sie sich nur von dem Reichtum oder der Macht der betreffenden Persönlichkeit angezogen. Sollte aber irgendwann dieser Mensch seine Machtfülle oder seinen Reichtum verlieren, so verschwinden nur allzu oft diese vermeintlichen Freunde; solche Freunde kann ich nur als unaufrichtig und falsch erachten.

Wahre Freunde teilen miteinander eine unverbrüchliche Nähe und bleiben Freunde ungeachtet sich verändernder Lebensumstände, seien sie mal besser, mal schlechter. Solch ein ehrlich gemeintes Interesse für andere ist eine großartige ethische Einstellung und Gesinnung, die aber in gewisser Weise auch egoistisch ist, da sie letzten Endes dem eigenen Wohl und Interesse nützlich ist – und das im guten Sinne. Meinen Freunden sage ich oft, dass, wenn wir nun einmal egoistisch sein müssen, wir dies auf eine weise und kluge Art sein sollten. Wenn wir selbst ehrlich und aufrichtig sind, werden wir Freunde haben, auf die wir uns verlassen können, was uns wiederum von allgemeinem Nutzen sein wird.

Verhalten wir uns jedoch unseren Mitmenschen gegenüber gleichgültig, vernachlässigen wir sie sogar, ist uns ihr Wohlergehen unwichtig und denken wir nur an uns selbst, verlieren wir schließlich das, was wir eigentlich suchen und uns wünschen und sind somit gewissermaßen die Dummen.

So gesehen erfordert die Basis jeder menschlichen Gesellschaft einen Sinn für bzw. ein gehöriges Maß an gemeinschaftlicher Verantwortung, die auf Uneigennützigkeit und Mitgefühl gründet. Die ausschlaggebende Quelle für Glück und Zufriedenheit besteht in Selbstlosigkeit. Erfolg im Leben wird auch durch Entschiedenheit und Entschlossenheit mitbestimmt, er beruht auf Willen und Mut. Und die Quelle dieses Mutes und dieser Entschlossenheit liegt in der Selbstlosigkeit. Es geschieht oft, dass Ärger und Hass eine Art Energie oder Absicht erzeugen. Diese „energiegeladene" Entschlossenheit zieht jedoch kaum positive Folgen nach sich, weil die durch Zorn, Eifersucht und Hass bewirkte Energie unbesonnen, schädlich und in ihrer Wirkung sogar verheerend sein kann.

Pfad

Die Quelle des Glücks

Glück bzw. Glücklichsein ist geistig-seelischer Art. Maschinen können uns dieses Gefühl nicht vermitteln, noch können wir es uns kaufen. Geld und Reichtum sind nur untergeordnete Quellen des Glücks und keinesfalls das Glück selbst, sie sind nicht Mittel für unmittelbares Glück. Glück kann sich nur in uns selbst entwickeln; kein Mensch kann uns das Glück als solches in die Hand geben. Die entscheidende Quelle ist innere Ruhe und Ausgeglichenheit oder seelischer Friede. Es hängt nicht von äußeren Bedingungen ab. Es spielt auch keine Rolle, ob uns hochentwickelte technische Mittel zur Verfügung stehen, wir eine gute Ausbildung genossen haben oder ein sozial und materiell erfolgreiches Leben führen; entscheidend ist unser inneres Selbstvertrauen.

Interesse und Achtung für andere und menschliche Zuneigung sind äußerst wichtige Faktoren für unser Glück. Mitgefühl gibt uns die innere Kraft, ein Gefühl von innerem Wert.

Wir sollten versuchen, gute und warmherzige Menschen zu werden, ob wir nun Polizist, religiös, Geschäftsmann oder was auch immer sein mögen. Auch das jeweilige einzelne Verhalten kann dazu beitragen, dass Familien und Gemeinschaften glücklicher werden.

Die Vielzahl der Religionen entstanden zu unterschiedlichen Zeiten und an verschiedenen Orten. Für mich gilt, dass die vielfältigen Religionen auf ihre jeweilige Art die guten menschlichen Eigenschaften verstärken, die negativen dagegen abschwächen. Alle größeren Weltreligionen haben, was Liebe und Mitgefühl angeht, dieselbe Botschaft, obwohl sich ihre Ausdrucksformen sehr weit voneinander unterscheiden mögen. Sie alle erkennen, wie wichtig Liebe und Vergebung sind, und haben das Potenzial, gute menschliche Eigenschaften zu entwickeln und zu verstärken.

Pfad

Hilft man seinen Mitmenschen mit aufrichtiger Motivation und echtem Interesse, wird man mehr Glück erfahren, mehr Freunde gewinnen und größeren Erfolg erzielen. Missachtet man jedoch die gleichberechtigten Interessen anderer und vernachlässigt man deren Wohlergehen, wird man irgendwann sehr einsam sein.

Mitte

Bodhicitta, die uneigennützig auf Erleuchtung ausgerichtete Geisteshaltung, ist die Medizin, die wiederbelebt und neues Leben gibt; wenn man sich für die Nöte und Bedürfnisse anderer einsetzt, werden zugleich die eigenen Bedürfnisse wie nebenher ebenfalls befriedigt.

Mitte

Mitgefühl öffnet die innere Tür

Wenn wir, unterstützt durch Meditation und selbstloses Verhalten, einen ernst gemeinten Versuch machen, ist es uns möglich, unseren Geist oder unsere Haltung weiterzuentwickeln; im Laufe der Zeit und mit nicht nachlassender Bemühung kann er sich ändern. Indem wir uns immer wieder die Aspekte des Positiven und Negativen vergegenwärtigen, ändern sich nach und nach die Dinge und Verhältnisse. Selbstvertrauen und -achtung, ob im religiösen oder weltlichen Bereich, sind sehr wichtige Faktoren.

Mitgefühl wird in diesem Zusammenhang zu einem entscheidenden Faktor. Eine von mehr Mitgefühl geprägte Haltung öffnet automatisch eine Art innerer Tür, womit es sehr leicht wird, mit den Mitmenschen zu kommunizieren, und auf eine etwas andere Weise mit Tieren und Insekten. Wenn unsere eigene Haltung offen ist und wir nichts zu verbergen haben, wird damit sofort eine Basis für mögliche Freundschaft gelegt. Eine negative Kraft wie Furcht zum Beispiel schließt die Tür sogleich. Wahre und tiefe Freundschaften zu entwickeln ist sehr schwierig und gelingt nur, wenn man selbst die Grundlagen dafür schafft. Wenn man ohne Argwohn und Hinterlist lächelt, wird man zur Antwort wahrscheinlich ebenfalls ein offenes Lächeln erhalten.

Negative Gefühlsmomente ersticken diese Möglichkeit, denn man isoliert sich dadurch selbst von der menschlichen Gemeinschaft, wobei sich als Resultat Ablehnung, Einsamkeit, Furcht, Zweifel, Hoffnungslosigkeit und Depressionen einstellen. Mitgefühl dagegen gibt uns innere Kraft. Es öffnet unsere „innere Tür" und ebnet den Weg für bessere Erfahrungen.

Pfad

Ein hasserfüllter Mensch
kann nicht glücklich sein

Als ich dem indischen Friedensaktivisten Baba Amte begegnete, hatte er trotz seiner körperlichen Gebrechen ein Lächeln auf seinem Gesicht, sein Geist sprühte vor Lebenskraft. Das konnte sich nur aus tiefem Mitgefühl mit allem Leben und einem starken Selbstvertrauen heraus entwickeln. Nun verfügten Menschen wie Hitler und Mao Tse-tung ebenfalls über Selbstbewusstsein, aber sie waren voller Argwohn und Hass. Ich meine schon, dass Mao einen hochentwickelten Geist hatte und voller Selbstvertrauen war – aber zugleich konnte er selbst seinen nahestehenden Kameraden gegenüber nur mit Misstrauen auftreten. Ein misstrauischer und von Hass getriebener Mensch kann nicht glücklich sein. Deshalb ist Mitgefühl mit unseren Mitmenschen so wichtig, weil letzten Endes wir alle glücklich sein wollen.

Pfad

Der Schlüssel zu Glück und Frieden

Das Wichtigste im Leben ist menschliche Zuneigung und Liebe. Ohne diese können wir echtes menschliches Glück nicht gewinnen. Wenn wir also ein glücklicheres Leben, eine glücklichere Familie, glücklichere Nachbarn oder ein glücklicheres Volk wollen, liegt der Schlüssel dafür in den inneren Qualitäten. Selbst wenn alle Menschen, die diesen Planeten bevölkern, Millionäre werden würden, gäbe es ohne innere Entwicklungen keinen Frieden oder andauerndes Glück. Einige Menschen mögen durchaus sehr reich sein, aber dennoch sehen wir sehr oft, dass sie ganz und gar nicht glücklich sind. Zuneigung, Liebe und Mitgefühl sind einige der wichtigsten Elemente in unserem Leben. Seelischer Frieden ist entscheidend für eine gute Gesundheit. Selbstverständlich haben gute materielle Ausgangsbedingungen, eine gut entwickelte Gesundheitsversorgung und gesunde Ernährung ihr Gewicht; aber Glück ist der wichtigste Faktor für (nicht nur körperliche) gute Gesundheit.

Jeder ist um den Weltfrieden besorgt. Waffen oder militärische Macht können zwar unter bestimmten Voraussetzungen und für gewisse Zeit einen relativen Frieden sichern helfen. Auf lange Sicht jedoch lässt sich kein echter und dauerhafter Frieden mit militärischer Konfrontation, im Hass oder durch gegenseitiges Misstrauen herstellen und aufrechterhalten. Weltfrieden insgesamt kann sich nur durch einen geistigen Frieden, durch gegenseitiges Vertrauen und

Respekt voreinander entwickeln. Und auch dafür dienen wiederum Mitgefühl und eine von Eigennutz freie Haltung als Schlüsselfaktoren.

Pfad

Allgemein kann man sagen, dass alle Handlungen oder alle Faktoren, die uns Glück oder Befriedigung bringen, gut sind; umgekehrt ist alles, was uns Schmerz und Unglück bereitet, schlecht. Die letzte Entscheidung über gut oder schlecht beruht auf Erfahrung und Gefühl. Unser Geist hat das letzte Wort.

Ich glaube, dass es geistige Ruhe und Friedlichkeit sind, die uns Entspannung und Glück bringen. Das gilt für jeden. Eine andere Form, dies zu erreichen, besteht im Altruismus. Da alles in wechselseitiger Abhängigkeit besteht, wird auch unsere eigene Zufriedenheit und Glückseligkeit zum großen Teil durch andere mit bedingt. Wenn andere Menschen, und auch Tiere, zufrieden sind und ihre Glücksgefühle oder irgendeine andere positive Reaktion zeigen, dann werden auch wir zufrieden; daher ist die Ausübung von Altruismus ein Schlüsselfaktor.

Pfad

3

DER FEIND IM INNERN –
NEGATIVE EMOTIONEN ÜBERWINDEN

Die Quelle für inneren Frieden liegt in uns selbst

In Wirklichkeit befindet sich unser wahrer Feind, der Ärger verursacht und unser Glück zerstört, in uns selbst. So zerstören zum Beispiel Zorn, Hass, Abhängigkeiten und Gier unseren inneren Frieden, während unsere äußeren Feinde, so mächtig sie auch sein mögen, nie unserem inneren Frieden etwas anhaben können. Ein geistig in sich ruhender und friedfertiger Mensch mag noch so sehr von Feindschaft umgeben und bedroht sein, es wird ihm nichts ausmachen, weil ein solcher Mensch diese Feindschaft kaum an sich herankommen lassen wird. Auf der anderen Seite wird man keinen inneren Frieden und kein Glück finden, wenn man unglücklich, ruhelos, hasserfüllt und verwirrt ist, selbst wenn man von den besten Freunden umgeben ist. Innerer Frieden und seine Quelle sind Ziel und Zweck eines ruhigen und ausgeglichenen Geistes. Wir sehen also: Der entscheidende Grund für geistige Ruhe und Glück kann zwangsläufig nicht außen, sondern ausschließlich in uns liegen.

Die Quelle für inneren Frieden kann nur durch den eigenen Zorn und die eigenen negativen Gefühle zerstört werden. Ein kluger Mensch wird nicht zulassen, dass Zorn oder Hass sich durchsetzen, weil letztlich niemand Unglück oder Leiden möchte. Will man Glück erreichen, muss man seine Quelle, seinen Ursprung finden. Wir müssen Liebe üben, einander Freundlichkeit erweisen und unseren Zorn eindämmen.

Pfad

Sorge dich nicht!

Wenn es Sorgen sind, an denen man etwas ändern kann, gibt es keinen Grund zu verzweifeln. Wenn man aber nichts ändern kann, dann hilft Verzweiflung auch nicht. Warum soll man sich sorgen, wenn sich ein Problem lösen lässt? Wenn es eine Lösung gibt, dann braucht man sich doch nicht zu ängstigen. Und wenn etwas unabänderlich ist, dann muss man sich fügen. Sorgen nehmen einem nur die nötige Kraft. Sie sind nutzlos. Ich halte mich meist an die Regel: auf das Beste hoffen und auf das Schlimmste vorbereitet sein.

Weisheit

Schlechte Gedanken zähmen

Ja, das einzige Böse, das mich wirklich betroffen machen sollte, ist das Böse in meinem eigenen Herzen. Äußere Feindschaften gehen vorüber. Die inneren Feinde wie Wut, Hass, Begierde aber bleiben. Für jeden Menschen gilt: Ich bin mir selbst der größte Feind, mit meiner Abhängigkeit, meinem Verlangen, meinem Hass. Der Feind im eigenen Herzen wird immer ein Feind bleiben. Man darf mit seinen bösen Neigungen keine Kompromisse eingehen. Schlechte Gedanken können nichts Gutes bewirken. Man muss sie unter Kontrolle bringen, sonst wird man keinen geistigen Frieden erlangen. So betrachtet, lebt unser wirklicher Feind, der rastlose Unruhestifter, in uns selbst.

Der äußere Feind von heute hingegen kann manchmal sogar zum besten Freund von morgen werden. Ich habe in meinem Leben häufig von jenen am meisten gelernt, die ich für meine Feinde hielt.

Weisheit

Wenn Sie eifersüchtig oder neidisch sind oder einem Feind Schaden zufügen wollen, denken Sie über alle seine oder ihre Eigenschaften nach, anstatt ein Eintopfgericht der schlechten Eigenschaften dieses Menschen zusammenzukochen. Die meisten Menschen sind eine Mischung aus guten und schlechten Qualitäten – es ist sehr schwer, jemanden zu finden, der in jeder Hinsicht schlecht ist.

Mitte

Negative Emotionen kontrollieren

Wenn ich Wesen erblicke, gezeichnet durch Schlechtigkeit,
oder bedrängt von furchtbarer Sünde oder Leid,
möge ich diese als meine lieben, treuen Freunde halten,
so als hätte ich einen wertvollen Schatz gefunden.

Diese Verse erläutern, wie man seine eigenen negativen Emotionen kontrollieren und steuern soll. Unser Geist und unsere Seele sind zutiefst durch unsere negativen Gefühle bestimmt und beeinflusst, und zwar aufgrund unserer zahllosen vielen vorausgegangenen Leben. Es ist deshalb auch nicht leicht, Selbstlosigkeit entstehen zu lassen. Immer wieder müssen wir gegen diese negativen Gefühle angehen. Wir müssen unterschiedliche Methoden anwenden, um diesen Mächten des Zorns beikommen zu können. Es ist gewiss nicht leicht, plötzliche, starke Regungen des Zorns zu kontrollieren: In solch einem Fall sollte man einfach versuchen, den Gegenstand des Ärgers auszublenden und die Aufmerksamkeit auf anderes zu lenken. Konzentrieren wir uns auf unsere eigene Atembewegung, wird unser Unmut als erstes ein wenig abgekühlt. Dann sollten wir über den negativen Aspekt nachdenken, den unser Zorn in sich trägt, und ihn minimieren; schließlich werden wir ihn sogar völlig los. Es gibt aber noch eine andere Art von Groll, die jedoch nicht allzu mächtig ist. Eine Weise, mit unserem auf andere gerichteten Zorn umzugehen, besteht darin, uns auf die guten Seiten unseres „Feindes" zu konzentrieren. Anstatt uns dem Gefühl des Zorns zu überlassen, sollten wir vielmehr versuchen, Respekt und Mitgefühl für unser Gegenüber zu entwickeln. Wie schon *Pratityasamupada* besagt, hat jeder Gegenstand viele Aspekte und Gesichter. Kaum ein Gegenstand hat ausschließlich negative Seiten. Jedes Ding trägt einen positiven Moment in sich. Wenn sich jedoch Gefühle des Zorns breitmachen, nimmt unser Geist und unser Denken nur den negativen Aspekt wahr.

Einerseits bringt uns unser Gegner Probleme. Zugleich bietet uns dieser Gegner aber die Möglichkeit, uns in Geduld und Toleranz zu üben, zwei für Mitgefühl und Selbstlosigkeit notwendige Fähigkeiten und Eigenschaften.

Wenn größte Gier, Begierde oder andere negative Gefühle aufkommen, sollte man darauf eingestellt und vorbereitet sein. Wenn wir beim Auftreten dieser ihrem Wesen nach abzulehnenden Gemütsbewegungen eine zu nachgiebige Haltung einnehmen, werden sie stärker und mächtiger. Also sollten wir sie gleich von Anfang an zurückdrängen oder zumindest minimieren.

Pfad

Ein Mensch, der von Zorn besessen ist, kann das Aroma der Nahrung nicht mehr schmecken, nicht gut schlafen und verliert seine Freunde. Sein Geist ist derart verwirrt, dass er sich nur noch beklagt und die Bemerkungen und Meinungen anderer als Störung und Zumutung empfindet.

Mitte

Wir sollten uns nie von Zorn dominieren lassen

Auf alltäglicher Ebene haben negative Gefühle wie Ärger und Wut ihre Wirkung und können in gewisser Weise auch hilfreich sein. Wenn wir einem Problem gegenüberstehen, in einem Streit klein beigeben müssen oder einen Misserfolg erleiden, tritt der Zorn gleichsam wie ein Beschützer auf, er unterstützt uns in unserer unglücklichen Lage. Zorn lässt uns furchtlos werden und bricht sich freie Bahn. Ein zornentbrannter Mensch ist fast um seinen Verstand gebracht, verwendet harsche und beleidigende Worte und lässt sich zu allerlei aggressiven Taten hinreißen. In einer bestimmten Weise vermittelt uns der Zorn so etwas wie Kühnheit und setzt nie zuvor gekannte und erlebte Kräfte – aber eben negative Kräfte – in uns frei. Daraus lässt sich erkennen, wie notwendig und wichtig es ist, dass wir diese Gefühle genau und sorgfältig untersuchen, damit wir ihre negative Grundlage und schädlichen Wirkungen klar erkennen.

Dominiert Zorn unseren Geist, benutzen wir oft barsche und unfreundliche Worte. Zieht sich der Zorn zurück, werden wir verlegen, wollen das Gesagte am liebsten unausgesprochen machen und vermeiden es, der Person wieder zu begegnen, mit der wir uns gestritten haben. Das zeigt uns, dass wir im Grunde genommen nicht ausfällig werden wollen, der Zorn uns aber immer wieder die Kontrolle über uns selbst verlieren lässt. Zorn ist also für uns ein Feind. In manchen Fällen brauchen wir ein starkes Gegenmittel

für unseren Zorn. Wir müssen die gegebene Situation sorgfältig und in Ruhe untersuchen. Effektive Gegenmaßnahmen dürfen wiederum nicht von Zorn geprägt sein, wie
auch jede durch Zorn motivierte Handlung ihre Absicht
verfehlen wird. Das Gleiche gilt auch für Entscheidungen,
die, im Zorn getroffen, später ihre nachteiligen Auswirkungen zeigen. Hass verursacht seelisches Leiden – und unser
Feind freut sich womöglich, uns leiden zu sehen. Sind wir
dagegen ruhig und gelassen, wird unser Feind keine Befriedigung finden. Werden unsere Urteilskraft und Entscheidungen vom Zorn negativ beeinflusst, treten Folgen ein, deren
langfristige negativen Auswirkungen sich nicht so schnell
absehen lassen.

Pfad

Wenn Menschen zornig werden, verlieren sie jeden Sinn für
Glück. Mögen sie noch so schön aussehen und normalerweise friedfertig sein, im Moment der Wut werden ihre Gesichter verzerrt und hässlich. Zorn beeinträchtigt ihr körperliches Wohlbefinden und alles Übrige; er lässt sie früh-
zeitig altern. Glück, Frieden und innere Ruhe schwinden,
und sie können nicht mehr die Menschen wertschätzen, die
ihnen in ihrer Not beigestanden haben und deshalb ihre
Dankbarkeit und ihr Vertrauen verdienen.

Mitte

Wie überwinde ich Zorn?

Wenn wir bemerken, dass jemand hinter unserem Rücken schlecht von uns spricht und darauf mit verletzten Gefühlen reagieren und uns zum Zorn hinreißen lassen, zerstören wir damit unseren inneren Seelenfrieden. Wir sollten solche Vorkommnisse nehmen wie einen Windhauch, der an uns vorüberstreift; mit anderen Worten: Wir sollten ihnen nicht zu viel Bedeutung beimessen. Ob wir leiden oder nicht, beruht zu einem großen Teil darauf, wie wir auf eine gegebene Situation reagieren – ob wir zu empfindlich sind und Dinge zu ernst nehmen oder nicht. *Mitte*

Eine analytische Meditation über die wirklichen Nachteile des Zorns ist hilfreich. Zorn zerstört den geistigen Frieden und schafft weitere neue Probleme. Beim Blick auf die Weltgeschichte kann man unschwer erkennen, dass alle Zerstörung, menschliches Elend und Leiden hauptsächlich durch Hass und Zorn herbeigeführt werden. Die Zeugnisse über das Gute drehen sich um Altruismus und Uneigennutz. Dadurch muss man einfach zu dem Schluss kommen, dass Zorn in der Tat ohne Wert, Sinn und Zweck ist. Wenn man die Theorie von Wiedergeburt und *Karma* (Ursache und Wirkung) akzeptiert, können auch andere Methoden angewandt werden, um Zorn einzudämmen. Familienprobleme

werden zumeist durch zornige Gefühle und Ausbrüche her-
vorgerufen. So kann man auch von den Erfahrungen anderer lernen.

Pfad

Meiner Meinung nach gibt es einen Unterschied zwischen
den inneren seelischen Konflikten einerseits und den Gefühlen andererseits, die sich aus diesen Konflikten ergeben:
Zorn, Wut, Feindseligkeit, Eifersucht und so fort. Wenn man
nicht gelernt hat, seine Konflikte auszudrücken, werden sie,
wenn sie zu einem späteren Zeitpunkt wieder hochkommen
und durchbrechen, automatisch von Gefühlen der Feindseligkeit und des Zorns begleitet sein. Deshalb ist es wichtig, dass man sein *Leiden* ausdrücken kann – nicht aber den
Zorn, die Wut, die Aggression.

Mitte

Soll man dem Zorn freien Lauf lassen?

Einige Psychologen vertreten die Ansicht, wir sollten unseren Ärger und Zorn nicht unterdrücken, sondern ausdrücken und ihm freien Lauf lassen – als ob wir ihn sozusagen „üben" sollten! Wir müssen hier unterscheiden zwischen den seelischen Problemen, die man ausdrücken und denen, die man nicht ausdrücken soll. Es geschieht sicherlich immer wieder, dass uns Unrecht getan wird, und in diesem Fall haben wir auch das gute Recht, uns darüber zu beklagen, anstatt unseren Ärger in uns hineinzufressen – wir sollten uns jedoch dabei nicht vom Zorn hinreißen lassen.

Mitte

Man hört oft, dass es besser sei, seinem Ärger Luft zu machen, als ihn zu unterdrücken. Sicher, es gibt unterschiedliche Ebenen oder Arten des Zorns. Aber das Wichtigste, was es zu erkennen gilt, ist die Schlechtigkeit, das Negative an sich, das im Zorn und Hass liegt. Mit dieser Erkenntnis wird man nicht mehr zornig werden wollen. Wenn es aber in bestimmten Situationen schwer fallen sollte, den Zorn zu unterdrücken, soll man einfach den Gegenstand, auf den sich der Zorn bezieht, ignorieren oder vergessen.

Pfad

Kann ich einen Zornausbruch wiedergutmachen?

Ich selbst reagiere immer noch gelegentlich gereizt und wütend und verwende harsche Worte gegen meine Mitmenschen. Einige Augenblicke später, wenn der Ärger sich gelegt hat, fühle ich mich beschämt und verlegen; die bösen Worte sind jedoch schon gesprochen und lassen sich nicht wieder zurücknehmen. Auch wenn, nachdem die Worte gesprochen sind, die Stimme verstummt, so wirkt der Inhalt der Worte noch weiter. Daraus lässt sich doch schließen, dass das Mindeste, was ich tun kann, darin besteht, zu dem Menschen zu gehen, den ich verletzt habe, und mich bei ihm zu entschuldigen.

Mitte

Die Wurzel aller kriegerischen Handlungen

Wir müssen die Ursachen des Bösen tief in unserem Inneren suchen. Sobald wir uns von den verwerflichen Kräften des Bösen beherrschen lassen, sammeln wir schlechtes *Karma* und schaden uns damit selbst am meisten. Schon deshalb müssen wir uns stets darum bemühen, das Gute in uns zu stärken.

Nach der buddhistischen Seelenlehre stammen die meisten unserer Schwierigkeiten aus unserem leidenschaftlichen Wunsch, Dinge zu besitzen, die wir irrtümlicherweise für unvergänglich halten. Besonders die Habgier, das Verlangen, etwas zu besitzen, macht uns aggressiv. Diese Haltung bestimmt dann unser Tun. Hier liegt schließlich die Wurzel aller kriegerischen Handlungen. Sicher war das so, seitdem es Menschen gibt, aber unter den heutigen modernen Bedingungen hat diese Haltung ein noch bedrohlicheres Ausmaß angenommen. Wir dürfen uns nicht durch Verblendung, Gier, Neid und Aggression vergiften lassen. Denn durch diese „Gifte" entstehen fast alle Krisen auf dieser Welt.

Ich bin in der Tradition des *Mahāyāna*-Buddhismus aufgewachsen und glaube, dass Liebe und Mitgefühl die beste Gewähr dafür sind, um vor allem unsere immer wiederkehrenden inneren Herausforderungen zu meistern. Das Hauptthema der praktischen Meditation, die ich täglich mache, ist das allumfassende Mitgefühl und Erbarmen und die wechselseitige Abhängigkeit aller Existenzformen.

Das hilft mir auch bei meiner Einstellung gegenüber den Chinesen. Wenn ich Hassgefühle, Ärger und Wut gegenüber den Chinesen in mir zuließe, wäre das kein Zeichen der Stärke. Ich verlöre dadurch meinen inneren Frieden. Man könnte einwenden, dass geistige Übungen, die das menschliche Herz verändern wollen, wenig dazu beitragen, politische Herausforderungen zu lösen. Aber viele der grundlegenden Probleme in der Politik sind vor allem aus der negativen Haltung der Menschen entstanden. Auf lange Sicht können sie nur gelöst werden, wenn sich der Mensch ändert.

Weisheit

Ärger verringert unsere Fähigkeit, richtig von falsch zu unterscheiden, und diese Fähigkeit ist eine der höchsten menschlichen Eigenschaften. Wenn sie verloren geht, sind wir verloren. Manchmal ist es notwendig, nachdrücklich zu reagieren, doch das kann ohne Ärger getan werden. Ärger ist nicht notwendig. Er hat keinerlei Wert.

Mitte

Wer ist unser wirklicher Feind?

Äußere Feinde sind nicht von Dauer; wenn wir ihnen Respekt zollen, werden sie zu unseren Freunden. Aber der innere Feind ist ein immerwährender Feind, mit dem wir niemals Kompromisse eingehen sollten. Dieser Feind lebt in unserem Herzen. Wir werden wohl kaum all unsere schlechten, niedrigen und bösen Gedanken in Freunde verwandeln können, aber wir müssen uns ihnen stellen und sie im Zaum halten.

Mitte

Anders als ein von außen kommender Feind kann sich der innere Feind nicht neu formieren und zu einem weiteren Angriff übergehen – allerdings nur, wenn er aus dem Inneren heraus ein für alle Mal besiegt worden ist.

Mitte

Im Buddhismus haben wir für die schlechten Eigenschaften der Menschen verschiedene Erklärungen. Zunächst ist da der Glaube, dass viele schlechte Dinge von heute noch aus früheren Leben nachwirken. Dann denken wir auch an den schlechten Einfluss anderer Menschen. Befindet man sich in schlechter Gesellschaft von neidischen und hartherzigen Menschen, dann kann das auf einen abfärben. Man wird von solchen Menschen bestimmt Schlechtes erfahren und kann dadurch das Vertrauen in die Menschheit überhaupt verlieren. Dann besteht die Gefahr, dass man nur noch auf seinen eigenen Vorteil bedacht ist, statt an das Wohlergehen der anderen zu denken.

Unsere wirklichen Feinde sind die eigenen schlechten Gedanken. Vor äußeren Feinden kann man vielleicht weglaufen. Hass und Wut aber bleiben bei uns, auch wenn wir die Türen hinter uns abschließen. Wenn wir negative Gedanken haben, dann schaden wir uns selbst am meisten, auch die schönsten Dinge freuen uns nicht mehr. Ich erinnere mich, einmal habe ich immer wieder vergeblich versucht, eine Uhr zu reparieren, sonst eine meiner Lieblingsbeschäftigungen. Als es mir nicht gelang, habe ich auf die Uhr eingeschlagen und dabei alles kaputtgemacht. *Weisheit*

Was gesund macht und was krank

Wenn wir schon egoistisch und selbstsüchtig sein sollen oder wollen, dann sollten wir es auf eine kluge und weise Art sein. Die ganze Zeit über nur über uns selbst nachzudenken ruft letztlich mehr Leiden hervor. Deshalb sollten wir zu unserem eigenen Nutzen in unserem Denken verstärkt andere mit einbeziehen. Betrachten wir unser eigenes tägliches Leben und das der Nachbarn, entwickeln wir im Laufe der Zeit eine stärkere innere Selbstsicherheit. Selbstlosigkeit nutzt anderen und uns selbst.

Jeder Mensch, ob gebildet oder ungebildet, reich, arm oder körperlich missgestaltet, besitzt in sich das Potenzial, einige dieser positiven menschlichen Qualitäten und Wertvorstellungen entwickeln zu können, und zwar von Geburt an. Sind sie einmal erlangt, müssen wir sie beibehalten und beständig kultivieren. Hass und zu viel Argwohn haben demgegenüber keinerlei Wert, noch können sie zu irgendetwas Gutem beitragen. Hassgefühle, die wir gegen unsere Nachbarn hegen, werden diesen nicht schaden; aber sie werden unmittelbar unseren eigenen geistigen Frieden stören. Wenn wir zum Beispiel mit einem Nachbarn Probleme haben und uns deshalb wünschen, er möge genauso leiden wie wir, werden wir dieses Ziel kaum erreichen bzw. unseren Wunsch befriedigen können. Ganz im Gegenteil: Unsere gegen den Nachbarn gerichteten negativen Gefühle werden sich irgendwann auf uns selbst ungünstig auswirken, unsere Gesundheit beeinträchtigen und uns unglücklich machen; unsere eigene Familie wird in das Leid mit hineingezogen.

Meine Erfahrung ist folgende: Je ruhiger und gelassener wir sind, umso mehr lenken wir unsere Gedanken auch auf andere, sind also nicht nur auf uns selbst bezogen, und umso mehr ziehen wir daraus für uns selbst Nutzen. Diese geistige Haltung, diese Qualitäten sind bedeutungsvoll und nützlich für ein von Glück erfülltes Leben. Wer darüber näher nachdenkt, wird schließlich feststellen, dass Zorn und Hass nur schädlich für unsere Gesundheit und unser Leben sein können. Eine von Mitgefühl geprägte Einstellung und Fürsorge sind nicht nur für unseren Geist, sondern auch für unseren Körper und unsere Gesundheit von Nutzen. Haben wir ein klares Bewusstsein über die positiven und negativen Seiten, die Gefühle und Gedanken überhaupt entwickelt, wirkt sich dies auf unsere Einstellung aus und verändert im Allgemeinen unsere innere Geisteshaltung. Von dieser spirituellen Ebene her gesehen sollen wir in unserem Leben warmherzig und gutmütig sein. Ob unser Dasein eine tiefere Bedeutung hat oder nicht: Tatsache ist, dass wir existieren und hier auf dieser Welt sind – also sollten wir unsere Existenz für gute Zwecke einsetzen. *Pfad*

Der freie Wille

Als ich jung war, wurde ich leicht zornig. Das liegt vielleicht bei uns in der Familie, weil mein Vater ein ähnliches Temperament hatte. Heute aber ist es mir durch geistige Übungen gelungen, meine Zornwallungen zu kontrollieren. Wir sollten nicht aufhören, unseren Geist zu üben, denn nur so wird der Verstand fähig zu unterschieden, was ihm nützt oder was ihm schadet. Um mich in dieser Haltung zu bestärken, stelle ich mir immer wieder folgendes Bild vor: Ich stehe allein da, mir gegenüber befindet sich eine große Menschenmenge. Und ich frage mich selbst: Wessen Interessen sind wichtiger? Meine oder die der zahllosen anderen Menschen?

Mit den Gefühlen ist es wie mit Pflanzen oder Früchten, manche sind für den Menschen sehr bekömmlich, andere sind giftig und man soll sie meiden.

Auch Liebe und Hass scheinen einander ähnlich und haben doch so unterschiedliche Auswirkungen. Oft schlägt liebendes Begehren um und wird zu verzehrendem Hass. Hass schadet immer, treibt die Menschen zu den schlimmsten Gräueln. Wir haben den freien Willen zu entscheiden, ob wir hassen oder lieben wollen.

Weisheit

Entdecke dich selbst

Um sein wahres inneres Wesen zu entdecken und wahrzunehmen, sollte man sich meiner Meinung nach für sich selbst ausreichend Zeit nehmen, und zwar in Ruhe und Entspannung, um seine Gedanken seinem Inneren zuzuwenden und seine innere Welt kennen zu lernen; das kann auf lange Sicht sehr hilfreich sein. Wenn man von Hassgefühlen überwältigt wird oder sein Tun und Denken nur auf materielle Dinge bezieht und von ihnen abhängig ist, sollte man in Momenten der Stille versuchen, nach innen zu schauen und sich fragen: „Worin besteht diese Abhängigkeit und das Wesen von Unmut, Bitterkeit und Groll – und inwieweit prägt mich dies?"

Mitte

Negative Gefühle auflösen

Obwohl positive und negative Gefühle beide gleich mächtig sind, treten die negativen Gefühle gewöhnlich ohne bestimmten Grund auf und sind daher auch einfach nur Gefühle. Wenn wir objektiv Sinn und Zweck von Zorn, Hass, Eifersucht, Zweifel, Argwohn oder Furcht untersuchen, erkennen wir, dass diese Gefühlsmomente jeder tieferen Grundlage entbehren. Umgekehrt sind Liebe, Mitgefühl und Vergeben tief begründet und haben eine sinnvolle Basis. Von einem buddhistischen Standpunkt her gesehen, und vor allem in der *Madhyamika*-Philosophie, sind die negativen Gefühle durch Unwissenheit bzw. Naivität bedingt.

Unwissenheit bezeichnet ein Bewusstsein, das die Gegenstände in ihrem Wesen so auffasst, als ob sie unabhängig nur auf sich selbst bezogen existieren. Es ist offensichtlich, dass, wenn sich bestimmte negative Gefühle entwickeln, der Gegenstand, auf den sich unsere negativen Gefühle richten, selbst als etwas absolut Negatives erscheint. So lange dieses negative Gefühl besteht, so lange ist auch der (so empfundene) Gegenstand absolut negativ. Sobald sich das negative Gefühl abschwächt, wird auch unser Eindruck von der Welt, bzw. unsere Sicht auf diese insgesamt positiver. Dies zeigt, dass negative Emotionen nur aufgrund von Unwissenheit entstehen können, was übrigens für alle negativen Gefühle schlechthin gilt.

Diese Unwissenheit oder falsche Vorstellung von Wirklichkeit kann, so mächtig sie auch sein mag, beseitigt wer-

den. Durch genauere Betrachtungen und Meditationen können wir ein tieferes Verständnis entwickeln. Als Folge davon wird das Negative begrenzt und schließlich völlig auf-
gelöst. Dass wir dies herbeiführen können, ist ein weiteres
Merkmal unseres Geistes.

Uns allen wohnt ein tiefer Wunsch nach Glück inne.
Glück und Unglück hängen eng mit positiven und negativen Gefühlen zusammen. Das grundlegende Wesen unseres
Geistes ist völlig rein, wodurch zugleich die Möglichkeit
gegeben ist, die negativen Gefühle zu überwinden, die positiven dagegen zu fördern.

Pfad

Die Ursache von Leiden

In aller Kürze können wir sagen, dass die Ursachen der Leiden aus drei negativen Hauptleidenschaften resultieren. Das heißt: aus der Unwissenheit, dem Begehren und dem Hass, die wiederum Quellen vieler weiterer minderer und negativer Leidenschaften sind. All diese geistigen Zustände, in Variationen durchmischt, erzeugen immer Zustände von größtem physischen oder geistigem Leiden und verhindern eine spirituelle Praxis und die Erringung einer authentischen inneren Glückseligkeit.

Vision

4

HARMONIE IM HERZEN –
WIE MAN ECHTES MITGEFÜHL
ENTWICKELT

Die zwei Wege zur Entwicklung von Liebe

Wenn wir erkennen, wie viel Gutes wir durch andere Wesen erfahren haben, werden wir Dankbarkeit und Liebe empfinden. Diese verwandeln sich in Mitgefühl, wenn wir sie dem Zugriff des Leidens ausgesetzt sehen. Es ist das Mitgefühl, das uns Kraft gibt, die Verantwortung für ihre Befreiung zu übernehmen.

In der buddhistischen Lehre gibt es zwei Wege zur Entwicklung von Liebe. Der eine führt über das Erkennen, dass jedes Wesen einmal im Laufe der unendlichen Reihe unserer Wiedergeburten unsere Mutter, unser Vater war; dadurch entsteht Mitgefühl für ihre Leiden. Der zweite Weg besteht darin, über die Nachteile des Egoismus und die Vorzüge des Altruismus nachzudenken und den anderen erst genauso wichtig und dann wichtiger als sich selbst zu nehmen. Wir sollten uns den Weg aussuchen, der unseren persönlichen Neigungen mehr entspricht und der eher eine Geisteswandlung in uns bewirken kann. Wir können aber auch beide kombinieren.

Auf jeden Fall müssen wir uns der Leiden anderer bewusst werden. Es fällt uns leicht, Mitgefühl zu empfinden angesichts von Hungersnot, Armut, Krankheit, der Ausbeutung und dem Abschlachten von Tieren. Denjenigen gegenüber, die die Befriedigung der höheren Daseinsbereiche genießen, empfinden wir jedoch eher Eifersucht und Feindseligkeit. Das kommt daher, dass wir nichts von den Frustrationen und dem Leiden wissen, denen sie ausgesetzt sind. *Friede*

Konstantes Streben ist unerlässlich

Wenn ein Mensch wirklich aufrichtig daran interessiert ist, geistig und seelisch zu wachsen und sich zu entwickeln, dann kann er sich nicht mit der bloßen Meditation begnügen, gleichwohl sie der Schlüssel ist! Nur ein einfaches Gebet oder ein frommer Wunsch bewirkt nicht viel für das innere spirituelle Wachsen. Der einzige Weg für eine gute Entwicklung ist ständige Hingabe und konstantes Streben. Sicherlich, der Anfang ist nicht einfach. Man trifft auf Hindernisse und kann schnell die anfängliche Begeisterung verlieren. Oder es ist genau umgekehrt: Zu Beginn ist der Eifer recht groß, nimmt jedoch nach wenigen Wochen rasch ab. Wir müssen uns selbst dazu erziehen, in unserem Bemühen nicht nachzulassen, sondern einen langen Atem zu entwickeln.

Mitte

Nur wenn man religiöse Praktiken wie die Meditation oder das Gebet täglich übt, haben sie eine Wirkung. Dann erst wird man innerlich reifen.

Mitte

Prüfe deine Motivation

Wenn wir uns jeden Tag aufmerksam und aufrichtig prüfen und unsere Gedanken sowie die Beweggründe unseres Handelns betrachten, kann in uns die Möglichkeit für eine Wandlung zum Positiven entstehen. Obwohl ich nicht uneingeschränkt für mich in Anspruch nehmen kann, in den vergangenen Jahren irgendwelche bemerkenswerten Fortschritte gemacht zu haben, sind mein Wunsch und meine Entschiedenheit, mich zu ändern und weiterzuentwickeln, ungebrochen. Vom frühen Morgen bis zum Abend und in allen Situationen des Lebens versuche ich stets, meine Motivation zu überprüfen und dabei ehrlich zu mir selbst zu sein. Ich empfinde dies als eine große Hilfe in meinem eigenen Leben.

Mitte

Meine wichtigste Schule

Und dann habe ich auch durch regelmäßige Meditation, mehrmals am Tag, viele Erkenntnisse gewonnen. Bei uns gibt es vor allem zwei Arten der Meditation. In der einen geht es um die Konzentration, die geistige Ruhe. Bei der anderen geht es um die Analyse, die tiefere Einsicht in die Dinge. Bei meiner Meditationsübung beschäftige ich mich hauptsächlich mit dem Mitgefühl, mit der Unterscheidung zwischen dem Ich und den anderen und mit der wechselseitigen Abhängigkeit aller Dinge und Lebewesen voneinander, besonders der Menschen. Ich bete, meditiere oder studiere täglich fünfeinhalb Stunden oder sogar länger. Wir haben Gebete für alles, was wir tun. Für den Buddhisten gibt es kaum einen Unterschied zwischen Religion und Alltag.

Meine wichtigste Schule aber war das Leben selbst mit seinen großen Herausforderungen und den vielen Schwierigkeiten, die mein Volk zu meistern hat. Mein Schicksal als Flüchtling hat mich oft in verzweifelte, fast hoffnungslose Situationen gebracht. Es hat mich unentwegt gezwungen, mich mit der rauen Wirklichkeit auseinanderzusetzen. Unter diesem ständigen Druck musste ich immer wieder meine äußerste Entschlossenheit und innere Stärke beweisen. Vor allem ging es darum, den Mut und die Hoffnung nicht zu verlieren. Die tägliche Meditation und die Lebenserfahrung sind die beiden Bereiche, denen ich wohl am meisten verdanke.

Weisheit

Wie kann man Mitgefühl entwickeln und üben?

Durch analytische Meditation und auf einen Punkt gerichtete Meditation. Analytische Meditation beinhaltet die wiederholte Überprüfung des Mitgefühls und seines Wertes für uns. Wenn wir ein stärkeres Mitgefühl entwickelt haben, dann werden wir Menschen mit einer stärkeren inneren Überzeugung. Man wird innerlich ruhiger und glücklicher, entwickelt weniger Ängste und ein stärkeres Selbstbewusstsein; man wird geistig offener und kommuniziert mehr und besser mit anderen Menschen. Man findet mehr Freunde, und mehr Menschen bringen einem ein Lächeln entgegen. Betrachtet man auf der anderen Seite den Hass – worin besteht sein Wert?

Hass zerstört das eigene Glück, das der Familie, eines Volkes, letzten Endes der ganzen Welt. Sollte jemand ein Drei-Jahres-Retreat durchführen und dabei nur über Hass meditieren, wie könnte er da jemals innere Ruhe finden, geschweige denn erfahren – im Gegenteil, er würde sich immer unwohl fühlen, den Appetit verlieren, den Schlaf, ja in gewisser Weise das Leben. Das bewirkt Hass. Man sieht also, man muss wie ein Wissenschaftler die positiven und negativen Aspekte und Elemente eines jeden Objekts betrachten und untersuchen. Man muss versuchen, durch die Analyse die negativen Seiten zu beseitigen und die guten zu fördern oder zu schaffen.

Pfad

Analytische Meditation

Vom frühen Morgen an, wenn wir geistig frisch und wach sind, sollten wir eine positive geistige Haltung einnehmen. Es darf dabei aber nicht nur beim Wunsch bleiben, sondern wir sollten uns diese Haltung durch analytische Meditation schaffen und bewahren. Sowohl die Vorteile einer positiven mentalen Einstellung wie auch andererseits das Leiden bzw. die Nachteile einer negativen Haltung zu analysieren und zu untersuchen, darin besteht die analytische Meditation; sie ist wirksamer als eine auf nur ein einzelnes Ziel gerichtete Meditation. Daneben dürfen wir aber auch das Prinzip des grenzenlosen Altruismus nicht aus den Augen verlieren. Mit dieser Einstellung sollten wir dann analytische und detailliertere Meditationen über die Vergänglichkeit und unsere verschiedenen Erfahrungen mit der Wirklichkeit anstellen; daran anschließend wieder über die Vergänglichkeit; und, falls man kann und daran Interesse hat, über die letzte, absolute Wirklichkeit.

Mitgefühl ist gleichsam der Weg oder die Methode und Weisheit der philosophische Unterbau bei dem Versuch, Wirklichkeit zu verstehen. Die Verbindung von Weisheit und richtiger Motivation ist der wahre Weg, unsere geistige Haltung zu ändern. Dabei lassen sich Gefühle wie Leidenschaft anfangs kaum vermeiden, da sie Teile unserer Charakterzüge aus der Vergangenheit sind. Wenn man diese Gefühle genauer untersucht und positive Gegenkräfte mobilisiert, werden sich die noch bestehenden negativen Gefühle auflösen. Andere Gefühlsarten wären beispielsweise ein ausgeprägter Altruismus und starkes Mitgefühl, die nicht aus einer vorherigen Charakterart gleichsam übernommen wurden, sondern die sich als Ergebnis aus der Betrachtung der Vor- und Nachteile aller Gefühle entwickelt haben. Durch diese Betrachtungen entwickeln wir unsere Motivationen. Die positiven Motivationen können durch analytische Meditation gewonnen werden, wobei die beiden Elemente Weisheit und Methode miteinander verbunden werden müssen. Wenn man schon von Tagesanbruch an diese positive Einstellung entwickelt, schafft man mehr positive Gefühle und Stimmungen, mit denen man dann den ganzen Tag über die am Morgen gewonnene positive Einstellung beibehält. Damit hat man zumindest einen Tag gewonnen, der, wenn auch noch nicht unbedingt perfekt, so doch weniger negativ ist. Am nächsten Tag sollte man ähnlich verfahren, indem man sich sagt: „Ich möchte diesen Tag zu einem positiven, sinnvollen Tag machen." Damit fährt man dann die folgenden Wochen fort; zu Beginn lässt sich nicht alles steuern und erreichen, aber im Laufe der Zeit und mit beständigem Eifer wird man schließlich irgendwann ein neues starkes Gefühl von Hoffnung spüren. Jedem ist dies möglich.

Alle diese Kräfte zu aktivieren und aufrechtzuerhalten ist möglich, denn unsere innere Natur ist darauf ausgerichtet. Damit werden automatisch die negativen Mächte schwächer und die schlechten Dinge geringer; ja, es ist sogar möglich, diese negativen Elemente völlig zu eliminieren. Es ist sicherlich nicht einfach und es müssen vielleicht erst mehrere Zeitalter vergehen. Davon sollte man sich nicht abschrecken lassen, denn es ist besser, bei diesem Prozess in Zeitaltern statt in Jahren zu denken. Einige ziehen sich mit großen Erwartungen für drei Jahre zurück; sie gehen als normale Menschen und hoffen, als ein großer *Bodhisattva* zurückzukehren. Da ich das für höchst unrealistisch halte, sollte man meiner Meinung nach für die Vervollkommnung große Zeiträume und nicht nur ein paar Jahre veranschlagen. Meine Erfahrung lehrt mich, dass zu hohe anfängliche Erwartungen später Quelle für Enttäuschung und Misserfolg werden. Was man von Anfang an braucht, sind Entschlossenheit und Durchhaltevermögen, gleich wie viele Zeitalter notwendig sind. Wenn es darum geht, etwas Richtiges zu tun, spielt Zeit keine Rolle, solange wir jeden Tag zu einem sinnvoll erfüllten Tag machen. Darin liegt der Zweck jeden Tuns – Zeit ist dabei weniger wichtig. Nur bei einer negativen Erfahrung ist auch Zeit ein bedeutsamer Faktor; handelt es sich um eine positive Erfahrung, ist Zeit kein für die Erfahrung als solche relevantes Element, da kann die Zeit nicht lang genug sein. So wie man am Abend den Geschäftserfolg des abgelaufenen Tages zum Beispiel in Form von Geld errechnet, so sollte man den Tag auch dahin überprüfen, ob er insgesamt ein positiver oder negativer war.

Pfad

Wie meditiere ich richtig?

Nun könnte ich die korrekte Körperhaltung erklären, in der man meditiert und die in allen Meditationsarten gleich ist.

Beginnen wir mit der Position des Rückens. Dieser sollte so gerade wie nur möglich gehalten werden, ohne dass wir uns dabei verkrampfen. Normalerweise sitzt man auf einem Kissen [...]. Schwierig und auch schmerzhaft ist es, die Beine vollkommen überkreuzt zu halten, also ein Bein über dem anderen gekreuzt. Eine viel angenehmere Position ist deshalb, die Beine nur bis zur Hälfte zu überkreuzen. Die Hände werden zusammengeführt, mit dem rechten Handrücken berührt man die Innenfläche der linken Hand, die beiden Daumen berühren sich und bilden eine Art Dreieck, das bequem im Schoß des Meditierenden liegt. Diese besondere Handhaltung hat verschiedene symbolische Bedeutungsebenen, darunter die tantrische Bedeutung, die absolute Wirklichkeit [...] zu repräsentieren. Die Arme dürfen den Körper nicht berühren, der Kopf ist leicht nach unten geneigt, und die Zunge sollte ganz leicht an den Gaumen gedrückt sein. Die Lippen und Zähne bleiben in ihrer natürlichen Position, und die Augen bleiben mühelos leicht geöffnet, der Blick gleitet entlang der Nasenlinie. Das ist natürlich sehr einfach, wenn man eine ordentliche, lange Nase hat, problematisch wird es erst dann, wenn die eigene Nase klein und kurz ist! [...] Vor allem bei Meditierenden aus der westlichen Welt trifft man öfters auf die Tendenz, die Augen ganz zu schließen. Aber das ist ein Fehler. Während der Meditation sollte man die Augen nicht schließen. Wenn du daran gewöhnt bist, beim Meditieren die Augen leicht zu öffnen, wird dich während Visualisations-Übungen nichts vom Bild ablenken können, und du wirst mit Leichtigkeit in jeder Situation das geistige Bild halten können, über das du meditierst. Umgekehrt aber, wenn du dich daran gewöhnt hast, mit geschlossenen Augen zu meditieren, wirst du, unmittelbar nachdem du die Augen geöffnet hast, das geistige Bild deiner Visualisierung verlieren. Der Atem sollte während der Meditation so natürlich wie nur möglich fließen, du solltest weder zu schwach noch zu stark atmen. Wenn du – aus welchem Grund auch immer – aus der natürlichen meditativen Ruhe herauskommst, kann die Konzentration auf den Atem hilfreich sein. Das wird dir helfen, wieder ruhiger zu werden. Es ist eine wirksame Methode, sich auf den Atemfluss zu konzentrieren, auf das Einatmen und das Ausatmen. Konzentriere dich auf diesen Fluss, und du wirst sehen, wie du nach kurzer Zeit wieder in einen Zustand innerer Ruhe gelangst. Diese Ratschläge eignen sich gut als Grundlage jeder Meditationsform.

Vision

Wie trainiere ich meinen Geist?

Man kann seinen Geist trainieren, indem man nicht nur die Schwächen und Nachteile untersucht, die mit den Gefühlen und Ausbrüchen des Zorns verbunden sind, sondern indem man sich auch mit den Erfahrungen und Erlebnissen anderer Menschen auseinandersetzt. Darüber hinaus ist es hilfreich, einen Blick auf die Geschichte zu werfen. Wenn ich mich mit tragischen Ereignissen befasse, von denen Menschen betroffen werden, muss ich meistens feststellen, dass diese Ereignisse sich aus menschlichem Verhalten heraus ergeben – aus negativen Emotionen wie Ärger, Hass, Neid und größter Habgier. Alle guten, konstruktiven Dinge, glückliche menschliche Erlebnisse und positive Erfahrungen sind meist angestoßen durch gebührenden Respekt vor unseren Mitmenschen und einem aufrichtigen Interesse am Wohlergehen anderer: durch Mitgefühl, Zuneigung und Liebenswürdigkeit.

Eine gründliche Untersuchung vergangener menschlicher Erfahrungen, Ereignisse und der täglichen Lebenspraxis ist unabdingbar, um Veränderung und Verbesserungen herbeizuführen. In unseren Begierden und Wünschen sind wir Menschen einander sehr ähnlich – und deshalb ist das Üben des Geistes so wichtig.

Pfad

Wer klug ist, denkt zuerst an die anderen

Mit einer selbstsüchtigen Einstellung hält man sich selbst für wichtig und die anderen für weniger wichtig. *Shantideva* lehrt eine Methode, diese Geisteshaltung in ihr Gegenteil zu kehren: Man stellt sich bildlich vor, auf der einen Seite stünde das eigene egoistische Selbst und auf der anderen Seite eine begrenzte Anzahl von vielleicht zehn, 50 oder 100 anderen Wesen. Man selber ist als unvoreingenommener Beobachter zugegen. Auf der einen Seite ist das stolze, egoistische Selbst, auf der anderen Seite ist eine Gruppe armer, hilfsbedürftiger Wesen. Man selber befindet sich in der Mitte als unparteiischer Dritter. Nun urteilen Sie! Wer ist wichtiger? Ist die einzelne, selbstsüchtige Person wichtiger? Oder ist diese Gruppe wichtiger? Denken Sie nach! Werden Sie sich für diese oder jene Seite entscheiden? Natürlich wird sich ihr Herz, wenn Sie wirklich als *menschliches* Wesen empfinden, für die Gruppe entscheiden. Denn ihr gehören mehr Personen an, und diese Personen sind bedürftiger. Der andere ist nur eine einzige Person, überheblich und uneinsichtig. Ihre Anteilnahme richtet sich von ganz allein auf die Gruppe. Durch wiederholte Erwägungen in dieser Richtung vermindert sich die Selbstsucht schrittweise, und die Achtung für die anderen wächst. Das ist der praktische Übungsweg.

Ich gebe normalerweise den Rat: Wer unbedingt egoistisch sein will, sollte wenigstens auf eine kluge und nicht auf eine beschränkte Art egoistisch sein. Wer klug ist, denkt zuerst an die anderen; er versucht aufrichtig, anderen zu helfen, so gut er kann – nicht um sie zu täuschen, sondern aus ehrlichen Motiven. Sich selbst kann man getrost als zweitrangig betrachten. Als Resultat wird man den größtmöglichen Nutzen erlangen. Klar? So ist man ein weiser Egoist!

Durch Kämpfen, Töten, Stehlen und verletzende Worte mag man versuchen, einen Vorteil zu erlangen. Doch das Ergebnis davon, dass man das Wohl der anderen vergisst und immer nur denkt: „Ich, ich, ich", ist der eigene Nachteil. Man macht sich selbst zu einem Verlierer. Andere mögen freundliche Worte sagen, wenn sie vor einem stehen, aber hinter dem Rücken werden die Worte nicht mehr so freundlich sein. Das allein zeigt schon, dass man als Egoist verliert.

Buddhismus

Allein die Zahl der Menschen auf unserer Erde ist unvorstellbar – es sind mehrere Milliarden. Überlegt man nun, was von größerer Wichtigkeit ist: das Wohl der Mehrheit oder das Wohl der Minderheit, der einen Person, so gibt es keine Frage. Das Wohl der Mehrheit ist weitaus wichtiger als mein eigenes Wohl, das einer einzigen Person.

Mitte

Das Leid der anderen annehmen

Sieht ein praktizierender Buddhist aufgrund der dargestellten Überlegungen, wie sehr die fühlenden Wesen von Leid bedrängt sind, so fragt er sich, was man tun kann, um ihnen zu helfen. Ihre Leiden sind die Folgen ihres eigenen *Karmas*, daher gibt es Beschränkungen in den Möglichkeiten, ihnen unmittelbar zu helfen. Aber man kann aus freiem Entschluss, mit Enthusiasmus und von ganzem Herzen den Wunsch entfalten, dass die Leiden der Wesen und die Ursachen dafür nicht bei ihnen, sondern bei einem selbst heranreifen mögen. Dabei kann man sich vorstellen, dass dies tatsächlich geschieht. Das ist die Übung, das Leid der anderen anzunehmen, die im Rahmen einer deutlich ausgeprägten Haltung des Mitgefühls geschieht. Zusätzlich kann man in sich den Wunsch und die Vorstellung entwickeln, den anderen Wesen jedes auch noch so geringe Verdienst hinzugeben, das man angesammelt hat und das angenehme Wirkungen hervorbringen wird, ohne eine Spur des Verlustes und des Bedauerns darüber zu empfinden. Das ist die Übung, das eigene Glück innerhalb der deutlich ausgeprägten Haltung der Liebe fortzugeben. Obwohl das Nehmen und Geben in Gedanken geschieht und nicht tatsächlich die dabei vorgestellten Wirkungen zustande bringt, hilft diese Meditation doch sehr, Entschlossenheit und Willensstärke anwachsen zu lassen.

Eine an diese Übung gewöhnte Person wird sie anwenden, wenn ihr Krankheit oder ein anderes Unglück widerfährt. Dadurch verhindert sie eine Verschlimmerung des Leides und entwickelt zudem Tapferkeit. Nach meiner eigenen begrenzten Erfahrung sind diese Übungen eine wahre Quelle der Tapferkeit und inneren Stärke.

Buddhismus

Möge ich auf jede Weise
Nutzen und Glück allen meinen Müttern geben
und im Stillen auf mich nehmen
all ihr Leid und ihren Schmerz.

Dieser Vers sagt, dass wir anderen mehr als uns selbst von Nutzen sein und ihr Leiden auf uns nehmen sollen. Dies kann durch tiefes Atmen geübt werden – durch Einatmen nehmen wir das Leiden in uns auf, und durch das Ausatmen verströmen wir Glück.

Pfad

Meditation zur Entwicklung von Mitgefühl

In der Meditation sollte man sich – vor sich im Raum – drei Personen vorstellen: einen Freund, den man schätzt, einen Feind, den man nicht leiden kann, und eine neutrale Person, der gegenüber man Gleichgültigkeit empfindet. Dabei erlebt man für einen von ihnen ein Gefühl der Nähe und denkt: „Das ist mein Freund"; für den zweiten empfindet man spontane Abneigung, schon wenn man nur an ihn denkt; und der neutralen Person gegenüber hat man ein Gefühl der Gleichgültigkeit. Jetzt gilt es, über die Ursachen für das Entstehen dieser Empfindungen nachzudenken. Die Gründe liegen darin, dass einer zeitweilig geholfen, ein anderer zeitweilig geschadet und der dritte nichts von beidem getan hat. Denkt man nun über diese Beziehungen unter dem Gesichtspunkt des langen Verlaufs anfangsloser Wiedergeburten nach, so kann man unmöglich mit Sicherheit sagen, jemand, der einem in diesem Dasein geholfen oder geschadet hat, habe auch in *allen* Leben so gehandelt.

Wenn man in dieser Weise über die Einstellungen zu Freunden, Feinden und indifferenten Personen in der Meditation kontempliert, erreicht man schließlich einen Punkt, wo einem die Entwicklung von starker Begierde oder Abneigung vollkommen unvernünftig erscheint. Schritt für Schritt nehmen die Vorurteile ab, und man stellt fest, dass die einseitige Zuordnung von Personen in die Kategorie Freund oder Feind ein Irrtum gewesen ist.

Nun mag einem der Gedanke kommen: Da mir schon jeder gleichermaßen geholfen und geschadet hat und somit meine Voreingenommenheit völlig unangebracht ist, ist es vielleicht besser, in Zurückgezogenheit ohne Bindung zu irgendjemandem zu leben. Aber diese Aussicht ist sicher gar nicht angenehm, nicht wahr? Es ist notwendig, Beziehungen zu Menschen einzugehen; und wenn man eine Beziehung herstellt, dann ist es besser, es in einer positiven Weise zu tun. Man sollte erkennen, dass es in keinem Fall angebracht ist, die anderen fallen zu lassen; denn es gibt niemanden, der nicht schon als der beste Freund, als Mutter oder Vater gehandelt hat.

An dieser Stelle muss man gründlich über die Anfangslosigkeit der Wiedergeburten nachdenken. Jedes Wesen, das aus dem Mutterleib oder Ei geboren wird, benötigt eine Mutter. Da man bereits zahllose Geburten angenommen hat, folgt, dass man auch zahllose Mütter hatte.

Wenn es einem Schwierigkeiten bereitet, von der positiven Seite her zu der Schlussfolgerung zu kommen, dass *jedes* Wesen die eigene Mutter gewesen sein muss, sollte man sich von der negativen Seite her fragen, ob es stichhaltige Gründe dafür gibt, dass irgend ein Wesen *nicht* die eigene Mutter gewesen ist. Niemand kann zu einem solchen Urteil kommen. Und selbst, wenn man nach diesen Erwägungen immer noch nicht zu einem Schluss kommen kann und Zweifel bleiben, ist es doch besser, den sichereren Standpunkt einzunehmen.

Weiter denkt man daran, wie die fühlenden Wesen, als sie die eigene Mutter oder der beste Freund waren, einen mit großer Zuneigung behütet haben, so wie die Mutter es in diesem Leben getan hat. Man muss ihre Güte besonnen und gründlich, nicht nur oberflächlich bedenken. Man muss diese Gedanken im eigenen Bewusstsein tatsächlich Gestalt nehmen lassen. Ich habe nun an einem Beispiel deutlich gemacht, wie man diese Überlegungen in der Meditation entfaltet; daher werde ich bei den folgenden Schritten nicht in jede Einzelheit gehen.

Nachdem man die Güte der fühlenden Wesen gründlich erwogen hat, besteht der nächste Schritt darin, den Wunsch zu erzeugen, diese Güte zu vergelten. Wenn diese Einstellung so weit entwickelt ist, dass es einem eine echte Notwendigkeit ist, den anderen Wesen die erfahrene Güte und Freundlichkeit zu erwidern, so erscheinen sie einem als sehr kostbar und nahestehend. Das ist der vierte Schritt – liebevolle Hinwendung, ein Gefühl der Zuneigung und Warmherzigkeit allen fühlenden Wesen gegenüber.

Als nächstes bedenkt man, dass diese Personen von Leiden bedrängt werden, sich aber Glück ersehnen. Hat man zuvor beim Studium der Vier Edlen Wahrheiten das Leid nicht vollständig erkannt, so gibt es keine Möglichkeit, mit dem fünften Schritt das Mitgefühl mehr als nur teilweise zu entwickeln. Das ist so, weil man den Wirkungsbereich und das Ausmaß des Leidens nicht richtig erkannt hat. Dadurch bleibt die Sicht einseitig und mit Vorurteilen behaftet: Es fällt einem leicht, für jemanden bis zu einem gewissen Grad Mitgefühl zu empfinden, der draußen auf der Straße lebt und dem es ganz offensichtlich schlecht geht; aber es gelingt nicht, Mitleid mit einer anderen Person zu entwickeln, die in sehr wohlhabenden Verhältnissen lebt. Das ist ein Zeichen dafür, dass man dem begehrlichen Hängen an dem Attraktiven und Angenehmen und dem Wohlstand im Daseinskreislauf unterliegt.

Es ist bei der anfänglichen Entwicklung von Mitgefühl in der Meditation tatsächlich leichter, sich deutlich ein fühlendes Wesen in einer sehr leidvollen Situation vorzustellen und dabei Mitleid zu entfalten. Doch später ist es unbedingt erforderlich, auch über Personen nachzudenken, die zurzeit keinem offensichtlichen Leid ausgesetzt sind; denn entweder sind sie in Handlungen verstrickt, mit denen sie die Ursachen für zukünftiges echtes Leid legen, oder sie haben die karmischen Anlagen für Leid bereits in der Vergangenheit angesammelt. So tragen auch diese Wesen die Ursachen für Leid schon in sich, obgleich sie die Wirkungen gegenwärtig nicht erfahren. Darum sollte man zu Anfang Mitgefühl entfalten, indem man über fühlende Wesen reflektiert, die dem Leid von körperlichem oder geistigem Schmerz ausgesetzt sind. Danach sollte man die Meditation ausdehnen, indem man über die fühlenden Wesen nachdenkt, die dem Leid des Wandels unterliegen. Und schließlich erwägt man, dass alle fühlenden Wesen unter dem Einfluss des alles beherrschenden Leides stehen, dem Gefangensein in einem Prozess des Wandels, über den sie keine Kontrolle besitzen. Durch dieses Vorgehen entwickelt man allmählich ein Bewusstsein, das auf alle fühlenden Wesen gerichtet ist und dabei die subjektive Ausprägung des Wunsches trägt, dass sie von ihrem Leid frei sein mögen. Das nennt man Mitgefühl. Es gibt viele verschiedene Arten von

Mitgefühl – grenzenloses Mitgefühl, großes Mitgefühl und einfaches Mitgefühl. Es gibt auch das mit Begierde vermischte Mitgefühl; das ist die Art, die wir normalerweise haben. Das zeigt sich daran, dass wir auf der Stelle ärgerlich werden, wenn uns auch nur eine Kleinigkeit missfällt.

Buddhismus

5

WACHSE AN DEM, DER DICH VERLETZT –
WAS UNSERE GEGNER UNS LEHREN

Warum Feinde wertvoll sind

Wirkliches Mitgefühl dehnt sich zu jedem einzelnen Lebewesen hin aus, nicht nur zu Freunden und Familienangehörigen oder jenen, die sich in furchtbaren Situationen befinden. Um die Übung des Mitgefühls in seinem vollen Ausmaß zu entwickeln, muss man sich in Geduld üben. *Shantideva* sagt uns, dass, wenn die Übung in Geduld wirklich unser Herz berührt und Veränderungen bewirkt, wir anfangen werden, unsere Feinde als unsere besten Freunde, ja sogar als spirituelle Lehrer zu sehen.

Feinde liefern uns die allerbesten Möglichkeiten, um Geduld, Toleranz und Mitgefühl zu üben. *Shantideva* führt viele wunderbare Beispiele dafür an in Form von Dialogen zwischen positiven und negativen Aspekten des eigenen Geistes. Seine Reflexionen über Mitgefühl und Geduld sind für meine eigene Übung sehr nützlich gewesen. Sie zu lesen kann den Geist vollkommen umwandeln. Im Folgenden ein Beispiel:

Für jemanden, der sich in Liebe und Mitgefühl übt, ist ein Feind einer der wichtigsten Lehrer. Ohne einen Feind können wir uns nicht in Toleranz üben, und ohne Toleranz können wir keine solide Grundlage für Mitgefühl aufbauen. Um Mitgefühl zu üben, ist es daher notwendig, dass wir einen Feind haben.

Wenn du deinem Feind gegenüberstehst, der im Begriff ist, dich zu verletzen, dann ist das die beste Zeit,

Toleranz zu üben. Daher ist ein Feind die Ursache für die Übung der Toleranz. Toleranz ist die Wirkung oder das Ergebnis eines Feindes. Daher sind Feind und Toleranz wie Ursache und Wirkung. Es wird gesagt: „Wenn etwas [hier: Toleranz] aus einem Ding [hier: Feind] entsteht, dann kann man dieses Ding [den Feind], woraus es [Toleranz] entsteht, nicht als etwas Schädigendes betrachten. Vielmehr hilft es [der Feind] bei der Herstellung der Wirkung."

Betrachtungen dieser Art können dabei helfen, große Geduld zu entwickeln, welche wiederum kraftvolles Mitgefühl entstehen lässt. Gewöhnliches Mitgefühl und gewöhnliche Liebe werden durch Begierde oder Anhaftung begrenzt.

Wenn unser Leben unbeschwert ist und alles reibungslos läuft, dann können wir uns leicht etwas vormachen. Wenn wir jedoch wirklich verzweifelten und ausweglosen Situationen gegenüberstehen, gibt es keine Zeit mehr für Heuchelei, und wir müssen uns mit der Wirklichkeit auseinandersetzen. Schwierige Zeiten lassen uns Entschlossenheit und innere Stärke entwickeln. Durch sie können wir auch dahin gelangen, die Nutzlosigkeit von Ärger anzuerkennen. Anstatt zornig zu werden, können wir eine tiefe Fürsorge und Respekt für solche Unruhestifter in uns hegen, da sie uns, indem sie unangenehme Umstände schaffen, unschätzbare Gelegenheiten liefern, uns in Geduld und Toleranz zu üben.

Mein Leben fiel in keine glückliche Zeit. Ich musste viele schwierige Erfahrungen durchstehen, einschließlich des

Verlustes meines Landes an die chinesischen kommunistischen Invasoren und der Versuche, unsere Kultur in benachbarten Ländern wiederherzustellen. Dennoch betrachte ich diese schwierigen Zeiten als die wichtigsten in meinem Leben. Durch sie habe ich viele neue Erfahrungen gewonnen und viel Neues dazugelernt – sie haben mich realistischer werden lassen.

✳ ✳ ✳

Meine eigene Übung hat von dem Leben in großen Turbulenzen und Schwierigkeiten profitiert. Auch Sie können dahin kommen, die Härten, die Sie erdulden müssen, als Vertiefung Ihrer Übung zu sehen.

Weg

Wir sollen heilende Hinwendung und Toleranz nicht nur gegenüber unserer Familie oder unseren Freunden üben, sondern ganz besonders auch gegenüber unseren Gegnern. So gesehen ist mein Feind mein wahrer Freund. Er ist der Prüfstein für meine innere Stärke, für meine Toleranz und meine Achtung vor den anderen, besonders gegenüber den Fremden. Auf diesen Punkt legt der *Mahāyāna*-Buddhismus den allergrößten Wert.

Weisheit

Üble Nachrede? Na und ...

Nicht die Missgunst anderer ist es,
die mich in diesem Leben
oder einem anderen verschlingt:
Warum bangt mir so davor?

Was kann uns üble Nachrede, selbst wenn sie unseren Ruf und unser Ansehen ruiniert, schon anhaben! Das Ansehen und die Vorteile, die wir genießen, sind auf dieses eine Leben begrenzt. Für unsere zukünftigen Leben sind sie ohne Bedeutung, während die negative Energie, die wir einsetzen, um uns gegen unsere Verleumder zu wehren, uns weit in die Zukunft folgen und schaden wird. Wollten wir behaupten, dass wir gegen jede Herabsetzung sind, müssten wir uns dann nicht auch gegen alle Kritik, die an anderen geübt wird, verwahren? Wenn wir mit einem Menschen Nachsicht empfinden können, der unter bestimmten Umständen schlecht über andere spricht, warum sollten wir nicht auch demjenigen, der uns unter dem Einfluss verstörender Emotionen schlechtgemacht hat, verzeihen können?

Friede

Hab Geduld

Schon immer haben wir uns durch endloses Leiden plagen müssen, ohne dass wir deshalb einen größeren Nutzen haben daraus ziehen können. Jetzt, da wir uns selber das Versprechen gegeben haben, gutherzig zu sein, sollten wir nicht sofort verärgert reagieren, wenn uns jemand beleidigt oder uns zu nahe tritt. Geduld zu üben ist sicher nicht leicht, denn es bedarf einer beträchtlichen geistigen Konzentration und eines starken Durchhaltevermögens. Das Ergebnis unserer Entschlossenheit wird jedoch großartig sein und das sollte uns glücklich machen!

Mitte

Um unsere Geduld entwickeln zu können, brauchen wir einen Menschen, der uns – so eigentümlich es klingen mag – immer wieder aufs Neue willentlich verletzt. Solche Menschen geben uns die reale Möglichkeit, Toleranz zu üben. Sie stellen unsere innere Stärke auf die Probe, und zwar auf eine Weise, die sogar unserem Lehrer nicht zur Verfügung steht. Geduld bewahrt uns davor, entmutigt zu werden.

Mitte

Geduld üben bedeutet nicht Schwäche zeigen

Ich möchte betonen, dass das Üben von Geduld und Toleranz gegenüber jemandem, der uns grundlos Schaden
zugefügt hat, nicht bedeutet, dass wir den von uns erlitte-
nen Untaten nachgeben oder sie gar gutheißen. Geduld
üben heißt nicht Nachgeben oder Schwäche zeigen; vielmehr stellt Geduld eine bewusst eingenommene Haltung
dar, die nicht auf Vergeltung aus ist. Manchmal erfordern
aggressive Handlungen entsprechend starke Gegenmaßnahmen. Aber selbst diese Maßnahmen folgen dem Diktum
von Geduld und Toleranz. Erkennt man die Vielzahl der
möglichen Standpunkte und Perspektiven und die Komple-
xität der Probleme, dann besteht nicht mehr die Notwendigkeit, sich nur an seine eigene Sicht als der vermeintlich
einzig wahren festzuklammern.

Pfad

Auch – oder gerade – wenn uns jemand zutiefst in unserer
Seele verletzt, sollten wir an seine guten Seiten und Eigenschaften denken und auf diese Weise Demut und Bescheidenheit entwickeln.

Mitte

Der Feind oder die Person, die uns zu verletzen versucht oder uns Schaden zufügt, ist – auch wenn seine Haltung uns gegenüber negativ ist – doch immer ein Mensch, dem das Recht zusteht, Leiden zu überwinden und Glück finden zu können. Auf dieser Grundlage müssen wir weiterhin den Menschen gegenüber Mitgefühl zeigen bzw. die Fähigkeit dazu aufrechterhalten, was nun umgekehrt nicht heißt, sich dem feindlich gesonnenen Menschen und seinen Handlungen passiv zu unterwerfen. Es gibt verschiedene Situationen: Gründe, warum man mit seinem Mitmenschen mitfühlen soll, aber auch Fälle, in denen es angebracht ist, dem Feind entgegenzutreten.

Pfad

Meide deine Gegner nicht

Den Menschen, der uns ärgert, sollten wir gelassen betrachten, dabei unseren eigenen Zorn bekämpfen und uns auf unsere Fähigkeit zur Mitmenschlichkeit besinnen. Wird unser Zorn jedoch übermächtig und können wir die Gegenwart des anderen, den wir zutiefst ablehnen, nicht ertragen, ist es vorteilhafter fortzugehen! Man sollte diesem Grundsatz folgen: Es ist grundsätzlich besser, Situationen und Menschen, die in uns Gefühle des Unmuts und Ärgers aufkommen lassen, nicht auszuweichen, solange sich der eigene Zorn in Grenzen hält. Ist eine Begegnung mit diesen Menschen jedoch nicht möglich, so sollten wir alles versuchen, unseren Zorn zu mäßigen und Mitgefühl zu entwickeln.

Mitte

Grolle nicht, wenn dir einer Schaden zufügt

Wenn andere mich aus Neid heraus quälen,
zu Unrecht beschimpfen und verleumden,
will ich die Niederlage annehmen
und den Sieg den andern lassen.

Wenn jemand, dem ich gut getan und
Hoffnung gegeben habe, mich tief verletzt,
möge ich ihn zu
meinem höchsten Lehrmeister machen.

Wenn wir bescheiden und vertrauenswürdig sind, können so manche Menschen uns ausnutzen. Aber selbst in solchen Situationen sollten wir keinerlei Groll gegen diese Menschen hegen. Stattdessen sollten wir die Situation analysieren. Lassen wir zu, dass die betreffende Person tun kann, was sie will, wird sie sich über kurz oder lang selbst schaden. Deshalb sollten wir also einige Gegenmaßnahmen treffen, und zwar nicht deshalb, weil diese Person uns Schaden zugefügt hat, sondern weil wir um ihr langfristiges Wohlergehen besorgt sind.

Pfad

Feinde sind die besten Lehrer

Es mag ironisch klingen, aber einen Feind zu haben ist in gewisser Weise durchaus nützlich, weil wir uns dann in Geduld und Toleranz üben können; dies ist notwendig, wenn wir aufrichtiges Mitgefühl und echte Liebe entwickeln wollen.

Geduld und Toleranz können wir nicht von einem *Guru* oder Freund lernen. Wir können sie nur üben, wenn wir tatsächlich mit jemandem zusammenkommen, der uns unerfreuliche Erfahrungen bereitet. Laut *Shantideva* sind Feinde wirklich gut für uns, da wir viel von ihnen lernen und unsere innere Stärke aufbauen können.

Pfad

> *Ein Feind ist Gewinn ohne Mühe,*
> *ein Schatz, gefunden im eigenen Haus;*
> *er sollte mir lieb sein als Helfer*
> *auf meinem Weg zur Befreiung.*

Wir sind angewiesen auf Menschen, die uns schaden und damit unsere Geduld auf die Probe stellen. Auf einen wirklichen Feind, der uns zwingt, Geduld zu üben, trifft man eigentlich selten, darum sollten wir uns über die Begegnung mit ihm freuen und sie zu nutzen wissen. Wir könnten nun vielleicht einwenden: „Warum jemandem dankbar sein, der gar nicht die Absicht hatte, uns zu etwas Positivem wie der

Übung von Geduld zu veranlassen? Dankbarkeit ist doch nur dem gegenüber angebracht, der uns Gutes will." Der *Dharma,* der uns Methoden lehrt, den Leiden des Daseinskreislaufs ein Ende zu setzen, kommt auch absichtslos den Lebewesen zugute. Wäre er deshalb unserer Verehrung etwa nicht würdig? Obwohl ein Feind die Absicht hat, uns Schaden zuzufügen, ist es richtig, ihm dankbar zu sein, weil er uns den Anlass gibt, Geduld zu üben. Menschen, die uns nicht mit voller Absicht schaden wollen und damit unseren Hass provozieren, können diese Funktion nicht erfüllen. Einen Arzt, der uns große Schmerzen zufügt, etwa indem er uns ein Bein amputiert, werden wir dafür nicht hassen können – es fehlt ihm ja die Absicht, uns zu schaden.

Friede

Der Aggressor ist ein Helfer

Wenn wir dahin gelangen, jemanden, der uns Aggressionen entgegenbringt, als einen Helfer zu sehen, der zu unserer spirituellen Entwicklung beiträgt, haben wir viele Hindernisse für die volle Entfaltung des Erleuchtungsgeistes aus dem Weg geräumt. Geduld üben bedeutet, denen gegenüber, die uns schaden, keinen Hass zu empfinden, sondern ihnen sogar Mitgefühl entgegenbringen zu können. Das heißt aber keineswegs, dass wir unseren Gegnern völlig freie Hand lassen müssen. Zum Beispiel sind dem tibetischen Volk von anderen Menschen große Prüfungen auferlegt worden. Wenn wir Tibeter mit Hass reagieren, sind wir die Verlierer, darum beweisen wir Geduld – was uns nicht daran hindert, uns mit aller Bestimmtheit gegen die Ungerechtigkeit der Unterdrückung zu wehren. *Friede*

6

DIE KRAFT GUTER GEDANKEN –
WIE SIE KONFLIKTE LÖSEN KANN

Wir schaffen unsere Probleme selbst

Wir sind uns fast nie im Klaren darüber, dass oft gerade unsere eigenen Haltungen und Vorstellungen die Probleme schaffen, die wir eigentlich lösen wollen. Wenn wir verschlossen, steif und taub sind, wie können wir dann alle Herausforderungen bestehen, denen wir in unserem Zusammenleben mit anderen ausgesetzt sind? Jeder Kontakt wird zur Ursache von Konflikten. Schauen Sie, ich spreche jetzt nicht nur von großen Konflikten, von Konflikten zwischen Nationen, Staaten oder Weltmächten, ich spreche auch von den Konflikten im täglichen Leben, denen wir Tag für Tag ausgesetzt sind. Wenn wir ihnen nicht mit der richtigen geistigen Haltung begegnen, können sie unser Leben schädigen. Wenn ich in Begegnungen mit anderen meine Ideen vorstelle, bleibt oft ein Teil meiner Zuhörerschaft verwirrt, und die Frage kommt auf, was man denn nun genau unter einer mitfühlenden Haltung zu verstehen habe. Ich denke, eine wahre mitfühlende Haltung beruht immer auf der Grundlage eines schlichten und einfachen Grundsatzes: Wir sollten niemals vergessen, dass wir alle menschliche Wesen sind. Sehen Sie, wenn wir mit jemandem in eine Konfliktsituation geraten, dann vergessen wir oft diese einfache Tatsache. Wir neigen dazu zu vergessen, dass unser Gegner schließlich auch ein Mensch ist. Wir betrachten unser Gegenüber, das anderer Meinung ist und mit dem wir über Streitigkeiten zu befinden haben, auf einmal nicht mehr wie unseresgleichen. Nach und nach wird die Vorstellung, die wir von der Person haben, mit der wir uns in einer Konfliktsituation befinden, immer abstrakter. Unser Gegner wird zu einem negativen Sinnbild, das für das Böse steht, und schließlich werden wir immer verschlossener gegenüber dem, was uns der- bzw. diejenige zu sagen hat; unsere Taubheit gegenüber seinen bzw. ihren Worten und Ansichten vergrößert sich zunehmend. Und das, was eigentlich eine Kommunikation sein sollte, was zu einer wechselseitigen zufriedenstellenden Übereinkunft werden sollte, verwandelt sich tatsächlich in einen Dialog zwischen Menschen, die taub zu sein scheinen. Deshalb versteht man sich so oft nicht. Wenn es uns aber stattdessen gelänge, auch an das Menschsein unseres Gegners zu denken, wenn wir in der Lage wären, sein Leid zu fühlen, wie wir unser Leid fühlen, die Probleme zu erkennen, die auch wir haben, dass es ein Mann oder eine Frau ist, wie ich es bin, wenn wir zu all dem in der Lage wären, dann, so glaube ich, würden wir eine mitfühlende Haltung ausdrücken, durch die wir fähig wären, anderen und vor allem uns selbst zu helfen. Wir würden viel einfacher die großen und kleinen Probleme lösen können, die uns das Leben auferlegt – und indem wir unser eigenes Leben verbessern, tragen wir zur Verbesserung aller Leben bei! So würden wir die Lebensqualität auf dem ganzen Planeten verbessern. Ich meine, wenn man diesen Prinzipien folgt, setzt man den Buddhismus konkret in die Praxis um.

Vision

Die richtige Geisteshaltung
kann Schmerzen mindern

Glück und Leid, die wir auf der körperlichen Ebene erfahren, entstehen primär durch unsere Sinneseindrücke. Geistiges Glück und Leid hingegen werden maßgeblich von unserem Denken und unserer grundsätzlichen Einstellung zum Leben beeinflusst. Auf der körperlichen Ebene sind wir mit unseren Sinnen der jeweiligen Situation ausgeliefert. Wir können an dem, was auf uns einwirkt, nicht viel verändern. Wenn uns Schmerzen zugefügt werden, erleben wir Schmerzen – ob wir wollen oder nicht. Auf der geistigen Ebene jedoch ist es anders. Hier können wir dieselbe Situation, je nach unserer geistigen Einstellung, auf unterschiedliche, ja gegensätzliche Weise wahrnehmen. So kann uns dieselbe Situation angenehm oder unangenehm oder gleichgültig erscheinen – je nachdem, mit welcher Grundhaltung wir ihr gegenübertreten. Auf der geistigen Ebene kann man also den Einfluss des Denkens und der Einstellung in Bezug auf Glück und Leid gar nicht hoch genug veranschlagen.

Sehen wir uns noch einmal das körperliche Leiden an: Wenn wir Schmerzen spüren, können wir diese Schmerzen nicht einfach besiegen. Wir können aber diese Situation akzeptieren und „Ja" zu ihr sagen. Vielleicht können wir sie sogar als etwas Wertvolles betrachten, das im Zusammenhang unseres Lebens Sinn macht. Wenn wir auf diese Weise freiwillig unsere körperlichen Leiden auf uns nehmen, kann dies dazu führen, dass unsere innere Kraft gestärkt wird. Auch daran wird der große Einfluss unserer inneren Haltung auf unsere gesamte Lebendigkeit erkennbar.

Wenn man sich diesen Umstand klargemacht hat, dann dürfte es nicht schwer sein zu erkennen, dass es guten Grund zur Hoffnung gibt – zu der Hoffnung, dass wir wenigstens all die Schwierigkeiten und Leiden überwinden können, die von unserer geistigen Einstellung abhängig sind. Aber mehr noch: Auch die körperlichen Probleme können weniger werden, wenn wir eine positive geistige Einstellung gewinnen. Deswegen lohnt es sich, darüber nachzudenken, wie eine solche positive geistige Grundhaltung aussehen kann – und welche Mittel und Wege es gibt, um eine solche Einstellung zu erzeugen.

Schauen wir also noch einmal hin: Hier ist ein Problem. Wir haben dieses Problem vor Augen – wir haben *nur* dieses Problem vor Augen. Indem wir uns ganz auf dieses Problem konzentrieren, wird es groß. Und je mehr wir uns auf es konzentrieren, desto größer und ernsthafter starrt es uns an. Betrachten wir das Problem aber aus der Ferne – mit größerer Distanz und einer weiteren Perspektive –, dann erscheint es uns kleiner und weniger bedrohlich. Und damit verbunden wachsen unser Zutrauen und unsere Hoffnung, diesem Problem gewachsen zu sein. Wir können daraus lernen, dass alles, was uns begegnet, relativ ist. [...]

So ist es mit allem, selbst mit solchen Phänomenen, deren Beurteilung auf den ersten Blick eindeutig zu sein scheint, etwa indem wir sagen: „Das ist eine Tragödie." An einem solchen Phänomen erblicken wir zunächst nur negative Aspekte, so dass wir selbst eine negative Perspektive auf das entsprechende Ereignis beziehen. Es ist aber durchaus möglich, dass wir bei näherem Hinsehen Aspekte erkennen, die uns positiv erscheinen. Wenn wir also einer „Tragödie" begegnen und diese ausschließlich aus einer Perspektive betrachten und uns ihr von dort nähern, dann nimmt unser Leiden an diesem Ereignis immer mehr zu und am Ende verfallen wir in Mutlosigkeit und Depression. Wenn wir hingegen den Mut aufbringen, dasselbe Ereignis aus einer anderen Perspektive anzusehen, dann könnten wir selbst in einer schwierigen Situation zu einer ganz anderen Sicht der Dinge kommen, etwa: „Diese Tragödie ist für sich genommen zwar furchtbar, aber sie öffnet doch neue Möglichkeiten."

Liebe

Ein Leben ohne Probleme gibt es nicht

Welche Schritte können wir gehen, um ein glückliches und sinnvolles Leben zu führen? Zunächst sollten wir uns darüber klar werden, dass in unserem Leben Probleme unausweichlich sind. Wenn wir uns dies vor Augen führen, können wir in einem zweiten Schritt diese Tatsache akzeptieren. Gleichzeitig aber sollten wir uns bewusst machen, dass wir mit unserer Intelligenz und durch Solidarität ebenso wie durch eine ganze Reihe anderer Instrumente über Mittel und Wege verfügen, mit unseren Schwierigkeiten fertig zu werden. Sich dies klar zu machen, ist deshalb wichtig, weil daraus das Bewusstsein dafür entsteht, dass wir zurecht die Hoffnung haben, die uns belastenden und bedrückenden Probleme zu lösen.

Dabei kann es eine große Hilfe sein, zunächst einmal die Probleme einzugrenzen. Wir können dies tun, indem wir uns die Frage vorlegen, woher die Probleme eigentlich kommen. Wenn wir nun genau hinsehen, können wir erkennen, dass Probleme auf zwei Ebenen entstehen: zum einen in Verbindung mit unseren sinnlichen Wahrnehmungen und unserem Körper. Hier erleben wir Krankheiten, Unwohlsein und Ähnliches. Daneben aber gibt es eine Vielzahl von Schwierigkeiten in unserem Leben, die durch unser Denken zustande kommen. Eine ganze Flut falscher Erwartungen, Hoffnungen, Enttäuschungen und Ängste führt dazu, dass wir uns auf der geistigen Ebene mit zusätzlichen Problemen belasten. Schauen wir uns diese beiden Ebenen genauer an: Es gibt Zustände, in denen wir uns geistig wohl fühlen, auf der körperlichen Ebene hingegen leiden. Umgekehrt kommt es vor, dass es uns körperlich gut geht und wir gleichzeitig innere Kämpfe austragen. Solche gemischten Zustände sind lehrreich, wenn wir verstehen wollen, wie sich körperliche und geistige Probleme auf unser Leben auswirken.

Vergleichen wir also Glück und Leiden auf der körperlichen Ebene mit dem Glück und Leiden auf der geistigen Ebene: Wir alle kennen Situationen, in denen wir uns geistig so wohl fühlen, dass wir unter den gleichzeitig auftretenden körperlichen Problemen überhaupt nicht leiden. Man kann sagen, dass in solchen Zuständen das geistige Glück unsere körperlichen Leiden überstrahlt. Wie aber, wenn wir uns körperlich sehr wohl fühlen, dabei aber im Geiste bedrückt, niedergeschlagen und mutlos sind? In solchen Fällen bleibt unser leibliches Wohlbefinden ohnmächtig. Auch die angenehmsten körperlichen Empfindungen vermögen unser geistiges Leiden nicht zu lindern. Daraus können wir erkennen, dass die geistige Ebene unseres Lebens seiner leiblichen Ebene vorgeordnet ist.

Liebe

Ändere deine Perspektive –
und entdecke die Möglichkeiten

Wir Tibeter haben unser Land verloren. Seit über 40 Jahren bin ich mit vielen meiner Landsleute gezwungen, außerhalb Tibets zu leben. Wenn ich diese Tatsache für sich betrachte, dann ist sie eine Tragödie. Betrachte ich sie aber aus einer anderen Perspektive, dann erkenne ich, dass auch in dieser Tragödie neue Möglichkeiten und Chancen liegen. So geht es mit allem, was uns bekümmert: Starre ich nur wie gebannt auf das „Negative", dann leide ich unter ihm und verharre im Leiden. Ändere ich aber die Perspektive, so erkenne ich neue Möglichkeiten und bin motiviert, tätig zu werden und zu handeln. Das heißt: Wenn wir unser Leiden reduzieren wollen, sind wir gut beraten, unsere innere Einstellung zu überprüfen und die Phänomene, die uns Leid verursachen, aus einer anderen Perspektive, aus einer größeren Dimension zu sehen. Wo uns dies gelingt, wird das Leiden – wenigstens auf der geistigen Ebene – abnehmen. Und gleichzeitig werden der Mut und die Entschlossenheit in uns wachsen, die Probleme, die unser Leiden verursachen, anzugehen und zu bezwingen.

Wo immer wir also einer Situation begegnen – ganz gleich, ob sie auf uns zukommt oder sich bereits ereignet hat –, die uns auf der geistigen Ebene bekümmert oder ängstigt, sollten wir uns zunächst darauf besinnen, ob diese Schwierigkeit von uns überwunden werden kann oder nicht. Wenn es uns möglich erscheint, das Problem zu

lösen, dann sollten wir aktiv werden und die Lösung betrei-
ben. Dann brauchen wir uns keine weiteren Sorgen zu machen, denn es gibt ja eine Perspektive zu seiner Lösung. Ist
das Problem aber unlösbar oder unvermeidbar, macht es
ebenso wenig Sinn, sich deswegen zu viele Sorgen zu machen.

Liebe

Wir brauchen die Umwandlung des Einzelnen

Sicher, auch die gesellschaftlichen Bedingungen sind wichtig. Aber viele Konflikte und Störungen, unter denen die Welt leidet, hängen direkt mit der menschlichen Natur zusammen. Zum Beispiel die menschliche Aggressivität. Dieser feindseligen Haltung des Menschen ist es auch zuzuschreiben, dass auf der Welt ständig neue Kriege ausbrechen. Sie findet sich in fast allen Kulturen und ist tief in den Menschen verwurzelt. Äußere Maßnahmen reichen bei dieser feindseligen Haltung nicht aus. Aus diesem Grund bemüht man sich im Buddhismus vor allem um die Transformation, um die Umwandlung des Einzelnen. Diese Umwandlung heißt aber nicht, dass ein „neuer Mensch" entsteht. Unsere guten Eigenschaften sollen immer mehr und unsere schlechten dadurch immer weniger werden.

Weisheit

Alter und Tod realistisch betrachten

Tatsächlich vergrößern wir nur unser Leiden, wenn wir zusätzlich zu den faktisch vorhandenen Problemen nun auch noch auf der geistigen Ebene in Frustration und Depression verfallen. Nehmen wir als Beispiel das Altern. Natürlich bringt das Altern einige körperliche Schwierigkeiten mit sich. Das bleibt nicht aus. Daran können wir nichts ändern. Ändern können wir aber etwas daran, dass wir uns deswegen auf der geistigen Ebene Sorgen machen. Wir produzieren hier überflüssigerweise ein zusätzliches Problem, das dann ganz und gar Besitz von uns ergreifen kann. So geht es uns mit dem Tod. Aber der Tod ist Teil unseres Lebens – warum sollten wir uns deswegen bekümmern? Wir werden sterben, wir altern. Und mit dem Alter werden sich gesundheitliche Probleme einstellen. Das ist nichts Ungewöhnliches. Das ist ganz natürlich. Wenn wir uns das klar gemacht haben und uns innerlich darauf vorbereiten, was hindert uns dann noch daran, diese Tatsache zu akzeptieren? Wenn wir sie akzeptieren, werden uns unsere gesundheitlichen Probleme nicht aus der Bahn werfen. Wenn wir hingegen die Augen vor der Tatsache des Alters vorschließen, werden wir geschockt reagieren, wenn uns eine schlechte Diagnose gestellt wird. Und in der Folge beginnen wir zu leiden und uns zu ängstigen. Dabei wäre dies gar nicht nötig. Ein realistischer Blick ins Leben ist also sehr hilfreich.

Liebe

Wie man innerlich stark wird

Denkt man vermehrt über andere nach, entwickelt sich ein Gefühl der Fürsorge. Dieses Denken gibt uns eine größere innere Stärke. Wenn man nur an sich denkt, wird ein inneres Gefühl von Unzulänglichkeit aufrechterhalten, denn indem man immer nur sich selbst zum Gegenstand seines Denkens macht, verstärkt sich automatisch das Gefühl, dass man im Vergleich zu anderen zu kurz gekommen ist, woraus sich dann Argwohn entwickelt, was wiederum mehr Ängste aufkommen lässt. Diese Geisteshaltung beschäftigt sich nur mit dem eigenen Schmerz und Glück; das schafft ein Gefühl der inneren Leere und später der Furcht und Unsicherheit. Dieselbe Geisteshaltung, nun aber konzentriert auf den Schmerz und das Leid anderer, macht uns innerlich stark. Sorgen, die nur um einen selbst kreisen, fördern Furcht, Zweifel und Angst, gepaart mit Gefühlen des Verlorenseins und der Einsamkeit.

Pfad

Die Tür zu unserem Herzen öffnen

Es gehört zur Grundbeschaffenheit des Menschen als eines „sozialen Wesens", dass er in Gemeinschaft mit anderen Menschen lebt. Darunter sind nun einige, die wir „Freunde" nennen. An sie richten wir oft hohe Erwartungen und sind enttäuscht oder verärgert, wenn sie diese Erwartungen nicht erfüllen. Und da sind andere Menschen, die wir „Feinde" oder „Widersacher" nennen, weil sie uns fortwährend Probleme schaffen. Auf sie blicken wir ständig mit Argwohn und Eifersucht. Sie sind ein ständiger Unruheherd für unseren Geist. Bei Freunden und Feinden gleichermaßen sind es unsere Bilder und Meinungen, die wir von ihnen haben. Wenn wir diesen Menschen aber mit einer Einstellung des Mitgefühls begegnen, dann lassen wir uns auf sie ein. Dann ist es, als ob wir in unserem Herzen eine Tür zu unserem Inneren öffnen, die es uns erlaubt, wirklich mit diesen Menschen in Kontakt zu treten, sogar mit den Tieren. Wo uns dies gelingt, wird unser Argwohn erlöschen, und unsere Unsicherheit wird zurückgehen. Wir werden ausgeglichener und sind weniger unruhig.

Liebe

Warum aber gelingt es uns so selten, diese innere Tür in unserem Herzen zu öffnen? Der Grund dafür liegt darin, dass wir zumeist um uns selbst kreisen und von egozentrischen Motiven getrieben werden. Die Fixierung auf das eigene Ich verschließt die innere Tür unseres Herzens. In der Folge verlieren wir die Fähigkeit, mit anderen zu kommunizieren. Wo wir diese Fähigkeit verlieren, wächst in uns die Unsicherheit und das Gefühl der Bedrohung. Frustration und Einsamkeit machen sich breit. Deswegen ist das Mitgefühl der Schlüssel für ein angstfreies Miteinander. Aus meiner eigenen bescheidenen Erfahrung weiß ich, dass es in einem Konflikt immer sinnvoll ist, den anderen anzublicken und sich zu sagen: „Sieh an, er ist wie du – ein menschliches Wesen, das nach Glück strebt, das seinem Leiden entgehen will, kurz: ein Mensch wie du selbst!" Wenn wir dies aus einem echten Mitgefühl wirklich sagen können, dann ist es eine große Hilfe, um die inneren Barrieren zu überwinden, die Tür des Herzens zu öffnen und der Unruhe und Unzufriedenheit unseres Geistes zu begegnen. Außerdem gibt es innere Kraft und Selbstvertrauen. Und wo innere Kraft und Selbstvertrauen herrschen, da verschwinden Misstrauen, Furcht und Zweifel.

Liebe

Wie man Konflikte auflöst

Bei Konflikten versuche in deinen Reaktionen zurückhaltend zu bleiben, bewahre eine innere, aufrechte Gesinnung und bemühe dich um eine faire Lösung, die allen Beteiligten gerecht wird. Natürlich kann es vorkommen, dass andere versuchen, dich zu übervorteilen und auszunutzen; und wenn deine Ruhe und Gelassenheit unangemessene Aggressionen von Seiten anderer begünstigt, nimm eine entschiedene und energische Haltung ein.

Dies sollte jedoch mit Mitgefühl geschehen; und sollte es für dich nötig sein, deine Ansichten unmissverständlich zu vertreten oder gar zu Gegenmaßnahmen zu greifen, so tu dies ohne Zorn und böse Absichten.

Mitte

Begegne Schwierigkeiten mit Optimismus

Es ist wichtig, undisziplinierte Geisteszustände zu verringern. Es ist aber noch wichtiger, Missgeschick und Unglück mit einer positiven Einstellung zu begegnen. Denken Sie immer daran: Indem Sie Schwierigkeiten mit Optimismus und Hoffnung begrüßen und empfangen, untergraben Sie noch schlimmere Schwierigkeiten, die im weiteren Verlauf des Weges auf Sie warten. Darüber hinaus können Sie sich vorstellen, dass Sie die Last all derjenigen erleichtern, die an einem Problem ähnlicher Art leiden. Diese Übung ist sehr hilfreich – sich vorzustellen, dass man das negative *Karma* von allen aufbraucht, denen es beschieden ist, ähnliche Schmerzen zu erleiden. Manchmal, wenn ich krank bin, übe ich mich darin, das Leiden anderer auf mich zu nehmen und ihnen mein Potenzial für Glück zu schenken. Das verschafft mir sehr viel geistige Erleichterung und Hilfe.

Jeden Tag am frühen Morgen, und besonders wenn ich Zeit habe, führe ich diese Übung allgemein in Bezug auf alle Lebewesen durch. Aber ganz besonders wähle ich mir chinesische Machthaber und Beamte aus, die sofortige Entscheidungen treffen müssen, einzelne Tibeter zu foltern oder zu töten. Ich stelle sie mir vor und nehme dann ihre Unwissenheit, Voreingenommenheit, ihren Hass und ihren Stolz in mich auf. Selbst wenn ich tatsächlich einen Teil ihrer negativen Einstellungen in mich aufnehmen könnte, so spüre ich, dass dies, aufgrund meiner eigenen Schulung und Übung, mein Verhalten nicht beeinflussen und mich nicht in einen schlechten Menschen verwandeln würde. Daher ist es kein großes Problem für mich, ihre Negativitäten in mich aufzunehmen, und es verringert ihre Probleme. Ich tue dies mit solch starken Gefühlen, dass, wenn ich im Laufe des Tages in meinem Büro von ihren Gräueltaten höre, der Hauptteil meines Geistes immer noch unter dem Einfluss meiner morgendlichen Übung steht, auch wenn ein Teil meines Geistes ein wenig aufgewühlt und zornig ist. Die Intensität des Hasses ist bis zu dem Punkt vermindert, wo er nichtig wird.

Ob diese Meditation jenen Beamten nun wirklich hilft oder nicht, sie gibt mir dennoch geistigen Frieden und Ruhe. Der Nutzen ist gewaltig und unermesslich.

Unter keinen Umständen sollten Sie die Hoffnung verlieren. Hoffnungslosigkeit ist ein echter Grund für Misserfolg. Vergessen Sie nicht: Sie können jedes Problem überwinden. Bleiben Sie auch dann gelassen, wenn die äußere Umgebung verwirrt und verwickelt ist; das wird keine große Wirkung auf Sie haben, wenn Ihr Geist in Frieden ist. Wenn Ihr Geist jedoch dem Hass nachgibt, dann wird sich Ihnen geistiger Frieden entziehen, auch wenn die Welt friedlich und gemütlich ist.

Weg

Ohne „innere Abrüstung" gibt es keinen Frieden

Das innere Gleichgewicht stabilisiert und verbessert auch unser Sozialsystem. Eine mitfühlende Grundhaltung bringt neue Freundschaften hervor – nicht nur mit Menschen, sondern auch mit Tieren. Das lässt sich auch aufs Große übertragen: Mitgefühl ist nicht nur der Schlüssel zur Freundschaft zwischen Individuen, es ist auch der Schlüssel zum Frieden zwischen Völkern und Nationen. Frieden in der Welt kann nur aus dem inneren Frieden der einzelnen Menschen entstehen. Ohne inneren Frieden des Einzelnen ist ein allgemeiner Frieden nicht zu haben. Deswegen kann kein Zweifel darüber bestehen, dass der Weltfrieden bei jedem Einzelnen beginnen muss.

Versuchen wir also, in unserem Leben diese mitfühlende Grundhaltung zu entwickeln. Versuchen wir, ihr Raum zu geben, damit sich innerer Friede und innere Ruhe entfalten können. Ein innerlich ruhiger und ausgeglichener Geist lässt sich durch die auf ihn eindringenden Probleme nicht aus der Fassung bringen. Uneinigkeit und Kontroversen beunruhigen ihn nicht. Er lässt sich von ihnen nicht zu großen Konflikten provozieren. Solange aber unser Geist nicht von dieser inneren Ruhe durchdrungen ist, kann sich auch die leichteste Meinungsverschiedenheit zu einem tief gehenden Krach ausweiten. Bevor wir also vom Weltfrieden reden, müssen wir uns zunächst über die innere Welt der Individuen Gedanken machen. Hier gilt es, einen inneren Frieden zu schaffen – und wenn dies der Fall ist, dann kann dieser innere Frieden nach außen strahlen: in die eigene Familie, in die eigene Gemeinschaft, in die Politik. Dies ist der eigentliche Weg zu einer dauerhaft friedlichen Weltordnung.

Liebe

Zum einen sollten wir uns bei allen Bemühungen um den Frieden immer über unsere eigene geistige Grundhaltung aufklären: Was treibt uns an? Gibt es in uns Hass oder Eifersucht? Sie sind Zerstörer des inneren Friedens. Wenn wir uns wirklich für den Frieden in der Welt einsetzen wollen, müssen wir uns darum bemühen, diese negativen und gefährlichen Emotionen loszuwerden und statt ihrer die positiven Emotionen wie Mitgefühl und Liebe zu stärken. Es geht also um eine Art „innere Abrüstung". Um sie sollten wir uns in erster Linie bemühen. Wenn wir dies tun und dabei Fortschritte machen, wird sich ganz von selbst eine friedlichere Gesellschaft herausbilden. Eine solche friedlichere Gesellschaft wäre dann auch das rechte Umfeld für eine zukünftige Generation politischer Entscheidungsträger. Politiker, die in einem friedlichen, von positiven Emotionen, von Mitgefühl und innerer Abrüstung bestimmten Klima groß geworden sind, werden eine neue Qualität in die Politik einführen können. Ihr Handeln und Reden wird friedvoller sein.

Liebe

Den Geist stabil halten

Den größten Teil meines Lebens habe ich als Flüchtling außerhalb meines eigenen Landes verbracht. Viele Tibeter vertrauen mir, sie haben große Erwartungen, und meine Aufgabe und Verantwortung sind sehr groß. Es gab und gibt immer noch sehr viele Schwierigkeiten. Trotz zahlloser Bedrängnisse und Probleme über diesen ganzen Zeitraum hinweg scheint mir dennoch, dass, wenn ich meine Erfahrungen und Erlebnisse mit denen anderer vergleiche, ich eigentlich ein ganz glücklicher Mensch bin.

Wenn mich schlechte Nachrichten erreichen oder es geschieht etwas Schreckliches oder Tragisches, erlebe natürlich auch ich Momente der Angst, Traurigkeit und Entmutigung, die aber nicht lange andauern. Trotz der gegebenen Umstände bleibt mein Geist relativ stabil und ruhig. Für mich bedeutet das eine große Hilfe und trägt dazu bei, dass meine Intelligenz und Klugheit mich nicht im Stich lassen und ohne größere Störungen normal funktionieren, so dass ich mühelos ruhig schlafen kann. Und da meine geistige Verfassung vergleichsweise ausgeglichen ist, sind auch meine Gesundheit und Verdauung in Ordnung, was mir und meinem Leben insgesamt sehr nützt. Viele Tibeter, die extremen Torturen unterworfen wurden und ihre Familien verloren, konnten ihre geistig-spirituelle Stabilität und innere Ruhe aufrechterhalten. Als wir bei gelegentlichen Zusammenkünften mit Wissenschaftlern, Psychologen, Neurobiologen und Physikern während der vergangenen vier Jahre in diesem Zusammenhang auftretende geistige und spirituelle Probleme diskutierten, waren einige dieser Wissenschaftler von unseren Erklärungen sichtlich überrascht. Nicht wenige Tibeter hatten furchtbar gelitten, aber ihre geistig-spirituelle Verfassung ist dennoch bemerkenswert ruhig und stabil geblieben.

Was ist diese innere Stärke, die uns angesichts großer Schwierigkeiten ruhig und gelassen bleiben lässt? Sie ist nicht Ergebnis von äußeren Faktoren, von Medizin, Spritzen, Drogen oder Alkohol; auch nicht irgendeiner Art von außen empfangenen Segens. Innere Stärke beruht auf dem richtigen Üben des Geistes.

Gleichgültig ob man gläubig ist oder nicht, durch eine entsprechende Praxis kann man seine innere geistige Haltung und Einstellung zu Dingen und Ergebnissen ändern, was dazu führt, dass man ruhiger wird und mehr mit sich in Frieden und Einklang lebt, und damit ist man auch eher in der Lage, heikle und drängende Probleme, ja sogar komplizierteste Dinge zu meistern und zu bewältigen. Zuvor gemachte Erfahrungen und Gespräche mit Fachleuten tragen ebenfalls zu einer einfacheren Behandlung dieser Fragen und Probleme bei. Es besteht demnach kein Zweifel, dass in den Familien, Städten und im internationalen Rahmen Probleme, die ihren Ursprung in menschlichen Handlungen haben, nicht auch wieder gemindert oder gar gänzlich gelöst werden können. *Pfad*

Einen übel gelaunten Menschen
kann nichts erfreuen

Ja, wir sehen, dass in vielen Teilen der Welt der Lebensstandard stark gestiegen ist. Aber auch mit den neuesten Erfindungen, mit einem immer größer werdenden Wissensstand ist es uns bisher nicht gelungen, die Menschen friedvoller und glücklicher zu machen. Die Zahl der Menschen, die lesen und schreiben können, hat in einem bisher noch nie da gewesenen Ausmaß zugenommen. Trotzdem kann man nicht sagen, die Menschheit habe sich dadurch in ihrem Verhalten gebessert.

Im Gegenteil, die innere Unruhe und die Unzufriedenheit haben eher zugenommen. Der sogenannte Fortschritt scheint uns das Leben nicht nur zu erleichtern. Er fordert auch seinen Preis. Wenn der äußere und der innere Fortschritt, das heißt das Verantwortungsbewusstsein sich selbst und anderen gegenüber, nicht Schritt halten, geraten wir immer mehr aus dem Gleichgewicht. Es ist höchste Zeit, dass wir uns besinnen und darüber nachdenken, was wir ändern müssen. Wenn wir es nicht tun, könnte das auch unerwünschte Folgen für zukünftige Generationen nach sich ziehen.

Wir wissen doch aus unserer täglichen Erfahrung, wenn wir morgens mit Zuversicht dem Leben entgegensehen, dass dann alles besser gelingt. Man kann dann die Herausforderungen, die jeder Tag bereithält, besser meistern. Auch schlechte Nachrichten werden wir mit einer ausgewogenen und zufriedenen Einstellung besser verkraften können. Sind wir aber übel gelaunt und unzufrieden, dann werden uns selbst die allerschönsten Dinge nur missmutig stimmen. Wir werden dann von Unzufriedenheit, von Wut und Hass auf uns selbst und auf andere gepackt.

Dann fühlen wir uns in der eigenen Haut nicht wohl. Wir können uns weder an einer schönen Blume noch am Lied eines Vogels oder dem Lächeln eines Kindes erfreuen. Das zeigt, wie wichtig es für uns ist, in Harmonie mit sich selbst zu leben. Ob wir eine hohe Stellung in der menschlichen Gesellschaft einnehmen, ob wir ganz einfache Menschen sind, wir alle sehnen uns nach Seelenfrieden, nach einem friedlichen Zusammenleben mit anderen. *Weisheit*

7

WEISHEIT LEBEN –
HOFFNUNG FÜR DIE GANZE WELT

Entwickle die Sicht der Liebe

Die Frage, ob wir uns in liebender Haltung allen Dingen zuwenden, ist kein „religiöser Luxus". Es ist auch keine religiöse Forderung, an die man glauben oder nicht glauben kann. Oft denken die Menschen, Mitleid und Vergebung seien rein religiöse Themen. Diese Dinge beziehen sich aber auf alle Lebensbereiche. Ja, es ist für das Überleben dieses Planeten entscheidend, ob möglichst viele Menschen eine liebende Einstellung zu ihrer Umwelt entfalten können. Dieser Geist muss freiwillig entwickelt werden. Man kann ihn niemandem gewaltsam aufzwingen. Wenn es der Menschheit nicht gelingt, diese umfassende Sicht der Liebe zu entfalten, dann weiß ich nicht, welche Zukunft uns erwarten soll.

Weisheit

Wir alle hängen voneinander ab

Heute spielen Trennungslinien und Grenzen zwischen Ländern und Völkern und Entfernungen zwischen Kontinenten kaum noch eine Rolle. Unser Planet ist sehr klein geworden. Wenn wir ihn aus dem Weltraum betrachten, erscheint er sehr klein, und das entspricht auch dem Status und der Bedeutung, die der Planet im Weltall besitzt. Wir müssen diese Tatsache akzeptieren, damit wir unsere Denkweise ändern können.

Die Existenz des Einzelnen ist eng verbunden mit der anderer Menschen. Wirtschaft, Erziehung und viele andere Bereiche hängen sehr stark voneinander ab. Vorstellungen von „wir hier" und „die dort" haben ausgedient; sie sind bedeutungslos geworden. Die ganze Welt ist einem Teil unseres Körpers vergleichbar. Nehmen wir zum Beispiel meine Hand und meinen Fuß. Verspüre ich in meinem Bein einen Schmerz, wandert meine Hand zu der betreffenden Stelle, um sie zu reiben und den Schmerz zu lindern. Dieses Beispiel lässt sich auf andere Situationen übertragen. Einer unserer Nachbarn muss sich vielleicht mit einem schwerwiegenden Problem auseinandersetzen. Wir könnten sagen, nun ja, er ist halt nur ein Nachbar – aber als Nachbar ist er ein Teil unserer Gemeinschaft, von der wir auch wiederum ein Teil sind. Wir müssen Mitgefühl und Fürsorge, ein Gespür für Verbundenheit untereinander entwickeln, weil der Schaden unseres Nachbarn – und damit unserer Nachbarschaft überhaupt – auf uns zurückfallen und uns selbst betreffen könnte. Unter diesen Vorzeichen müssen wir einen weiter gefassten Blick entwickeln, um auf die Menschheit als eine große Familie blicken zu können. Natürlich gibt es verschiedene Rassen, unterschiedliche Traditionen und Kulturen, kaum miteinander zu vergleichende Religionen – wenn man nach Unterschieden sucht, wird man zweifellos etliche finden. Trotz allem teilen wir miteinander einen gemeinsamen Planeten; und wenn andere leiden, leiden wir schließlich auch. Sind wir glücklich, werden andere auch glücklich werden. In dieser Hinsicht brauchen wir ein Gefühl der Verantwortung für den gesamten Globus, eine alles einschließende Verantwortung.

Pfad

Meiner Meinung nach müssen alle Menschen ein stärkeres Bewusstsein für die Notwendigkeit einer weltumspannenden Verantwortung entwickeln, wenn wir die Herausforderungen des neuen Jahrhunderts meistern wollen. Jeder von uns muss lernen, nicht nur für sich, seine Familie oder seinen Staat, sondern für das Wohl der gesamten Menschheit zu arbeiten und zu sorgen. Es ist heutzutage überholt, in Begriffen von „mein Volk" oder „mein Land" zu denken. Verantwortung für die ganze Welt ist der Schlüssel für das Überleben der Menschen auf diesem Planeten. Große, weitreichende Entwicklungen beginnen meist mit einzelnen, kleinen Initiativen, so dass es also die Arbeit eines jeden Einzelnen ist, die letztendlich den Ausschlag gibt.

Mitte

Jeder ist auf die Hilfe anderer angewiesen

Wie stark, intelligent und weise ein Individuum auch immer sein mag, dieses Individuum muss wie wir alle in einer menschlichen Gemeinschaft leben. Jemand, der in Isolation lebt, wird über kurz oder lang geistig und seelisch leiden, da er seiner Natur nach ein soziales Wesen ist. Eine Vielzahl unserer Grundbedürfnisse wie die nach Nahrung und Schutz werden durch die Arbeit und Mühen anderer befriedigt. Also hängt unser Glücklichsein, unsere Lebensform in hohem Maße von anderen ab. So ist die Wirklichkeit unseres täglichen Daseins, und wir sollten uns in unserem Denken und Urteilen danach richten. Die Intelligenz des Menschen ist derart hoch entwickelt, ja raffiniert und in ihren Funktionen so vielschichtig, dass sie manchmal Bilder der Welt entwirft, die die Lebenswirklichkeit außer Acht lassen. Sehr oft leben wir in der falschen Annahme, wir existierten von allem losgelöst und könnten alles erreichen, und verkennen dabei, wie sehr wir mit unserem Leben auf das Dasein, die Hilfe und Unterstützung anderer angewiesen sind. Dieser Sachverhalt trifft nicht nur auf uns Menschen zu, sondern gilt gleichermaßen für unsere Umwelt und andere Lebensformen, Pflanzen- und Tierarten; letzten Endes für alles um uns herum. Ein Großteil von Leiden und Problemen entsteht deshalb, weil wir nicht ausreichend die Hilfe und Fürsorge wertschätzen, die wir von der Welt um uns empfangen, und deshalb deren Wert und Bedeutsamkeit nicht genügend würdigen.

Wir mögen uns ganz auf unser persönliches und privates Glück und Wohlbefinden konzentrieren, womit wir uns auch indirekt begrenzen – wenn wir aber einmal begriffen haben, wie sehr unser persönliches individuelles Leben mit der uns umgebenden Welt verknüpft und verwoben ist, können wir unseren Horizont und Blickwinkel erweitern und ein tieferes Verständnis für unsere Wirklichkeit gewinnen. Damit sind wir auch eher in der Lage, ein harmonisches Leben zu führen, das sich aber nicht nur auf unseren eigenen privaten Kreis beschränkt, sondern auch andere mit einschließt.

Pfad

Denke nie: „Ich kann nichts ausrichten"

Nehmen wir die Vereinigten Staaten oder einige andere Länder als Beispiel. Wir können klar sehen, dass sie mit einer Art innerer moralischer Krise konfrontiert sind. Sie verstärken entweder die Polizei oder greifen zu anderen technischen Hilfsmitteln, um ihre inneren staatlichen und sozialen Probleme zu lösen. Solange keine positive Veränderung in jedem einzelnen Menschen stattfindet oder eine andere Umwandlung eintritt, lassen sich äußere Kräfte und Mächte kaum kontrollieren. Darum trägt jeder Einzelne von uns, als Mitglied der menschlichen Gemeinschaft, Verantwortung und sollte sich verpflichtet fühlen, etwas für die Menschen zu tun, denn wenn dadurch die Zukunft des Menschen gut, reich und friedvoll wird, werden wir alle einen Nutzen davon haben. Wenn die Menschheit moralisch verkümmert oder gar verkommt, werden Korruption, Ausbeutung, Schikane und Betrug um sich greifen, als dessen Folge die Gesellschaft insgesamt leiden wird.

Mag es auch Gesetze und Regeln in jedem einzelnen Land geben, Menschen mit bösen Absichten werden immer einen Weg finden, sie zu umgehen. Wenn sich moralische Werte einer Gesellschaft und Grundsätze menschlichen Verhalten ins Negative verkehren, leiden wir alle, jeder Einzelne von uns. Vor diesem Hintergrund wird klar, dass die Intentionen eines Einzelnen in hohem Maße mit den Interessen und Belangen der Gesellschaft verbunden sind. Die Wechselbeziehung ist eindeutig und nicht zu übersehen.

Wir sollten nicht glauben, dass das Problem zu groß, ja überwältigend, der Einzelne dagegen zu klein und schwach ist. „Meine Bemühungen werden bei diesem übergroßen Problem nichts ausrichten können" ist nicht die richtige Art zu denken oder die Dinge zu sehen. Sicher, das Problem mag groß sein, aber wenn alle Einzelnen Initiative ergreifen, jedes Individuum tätig wird, gibt es eine reelle Aussicht, Dinge ändern zu können. Verharrt aber jeder Einzelne isoliert, verhält sich neutral und gleichgültig und erwartet entscheidende Änderungen von anderen, vom Himmel oder durch bloße Meditation, ist das infantil und lächerlich. Natürlich ist Beten nicht sinnlos und hat auch begrenzte Wirkungen. Die Hauptanstrengung muss jedoch aus uns und von uns selbst kommen. Der Buddha und Gott üben fraglos einen gewissen Einfluss aus, aber im Grunde genommen muss jeder und jede Einzelne von uns sich mit vollem Selbstvertrauen bemühen. Ob wir dabei erfolgreich sind oder nicht, bleibt zunächst offen – es ist nur logisch und allemal wert, einen Versuch zu unternehmen.

Es ist dabei auch nicht von entscheidender Bedeutung, falls wir trotz ständiger Bemühung das erwünschte Ergebnis nicht erreichen sollten, aber zumindest muss man später nicht bereuen, nichts getan zu haben. Treten nämlich unglückliche Ereignisse aufgrund unserer Gleichgültigkeit und Achtlosigkeit ein, ist dies umso schlimmer und bedauerlicher. Deshalb muss jeder Einzelne sein Potenzial erkennen und darf Anstrengungen nicht scheuen.   *Pfad*

Verantwortungsvolle Selbstdiziplin
stabilisiert die Gesellschaft

Ich sage immer, wenn wir auch nicht in der Lage sind, Gutes zu tun, dann sollten wir uns wenigstens enthalten, Böses zu tun. Eine Grundhaltung wie diese, praktiziert in großem Umfang, würde dem Staat Kosteneinsparungen im Polizeiapparat bringen! [...] Aber Spaß beiseite – dies ist ein Gedanke, der weiterer Betrachtungen wert ist, denn die einzige Form von Kontrolle, die in einer Gesellschaft auf Dauer funktionieren kann, basiert auf Selbstdisziplin und Selbstkontrolle und auf dem Verantwortungsgefühl uns selbst und unseren Mitmenschen gegenüber. Kein von außen auferlegtes Diktat, nicht einmal das grausamste und schrecklichste, wird die Stabilität einer Gesellschaft sichern können wie die geregelten Verhaltensweisen, die einer verantwortungsbewussten Selbstdisziplin entspringen, gegründet auf Erkenntnis und Mitgefühl.

Vision

Wer anderen hilft, lebt ein erfülltes Leben

Wenn man die meiste Zeit eine gute Motivation in sich trägt und danach strebt, anderen Menschen zu nützen, so gut man kann, wird man keine Reue empfinden, wenn der letzte Tag kommt. Man wird mit dem Gefühl sterben, das Mögliche getan und sein Leben sinnvoll und nützlich geführt zu haben. Das ist sicher eine der besten Schutzmaßnahmen, um Furcht angesichts der Nähe des Todes zu vermeiden.

Mitte

Nur Dialog kann unseren Planeten retten

Dieser Planet befindet sich am Rande einer schwerwiegenden Krise: Verschmutzung, Überbevölkerung und Kriege, die heutzutage eine zerstörerische Kraft entfalten können wie nie zuvor, zählen zu den schrecklichen Problemen. Wenn sich die Menschen jetzt nicht zu einer Dialogkultur und wechselseitiger Toleranz erziehen, wenn Aggressivität und Hass nicht überwunden werden oder sich zumindest bedeutend verringern, wenn man nicht die inneren Bedingungen für eine friedliche Koexistenz aller Völker und Gesellschaften schafft, dann stehen unserem Planeten, auf dem das Leben immer enger zusammenwächst, dramatische Zeiten bevor. Wie viele Gesetze auch verabschiedet werden, wie viele gute Absichten die internationalen Organisationen auch zum Ausdruck bringen, wie viele schöne Worte von den Regierungen auch gesprochen werden – wenn sich die menschlichen Wesen nicht in ihrem Geist und in ihrem Herzen verändern, dann werden sich auch keine positiven Veränderungen in dieser Welt vollziehen können, und wir werden am Rande eines Vulkans in Erwartung einer Explosion verharren, einer Explosion, die von einem Augenblick zum nächsten eintreten könnte. Und im Bewusstsein einer solchen Eventualität werden die Sorgen, Ängste und die Panik der Menschen zunehmen und, falls nichts dagegen unternommen wird, noch mehr Sorgen, Ängste und Panik hervorrufen. Ein dramatischer Prozess würde in Gang gesetzt werden, der sich bis hin zu seiner Explosion aus sich selbst speist. Wenn dies ein in Betracht zu ziehendes Szenario ist, und ich glaube leider, dass dies der Fall ist, dann ist die Rolle der Religionen von fundamentaler Bedeutung. Sie müssten auf allen Gebieten miteinander kooperieren, vorausgesetzt sie erkennen ihre jeweiligen Differenzen als naturgegeben und positiv an. Wir, als Praktizierende einer Religion, sollten uns als ein essentielles Instrument begreifen, um in uns selbst und in den anderen ein gutes Herz, Liebe, Respekt und Toleranz gegenüber unseren Mitmenschen und ein ehrliches Gefühl von innerer Offenheit zu entwickeln. Ich weiß sehr wohl, dass meine Worte für viele rhetorisch, idealistisch und wenig konkret klingen. Aber es ist ein Fehler, mich auf diese Weise zu verstehen. Wenn es der Menschheit in den nächsten Jahrzehnten nicht gelingt, eine positive Veränderung dieser Art zu bewirken, dann werden wir wohl extrem finsteren Zeiten entgegensehen.

Vision

Waffen schaffen keinen dauerhaften Frieden

Wenn wir über Gewalt nachdenken, müssen wir begreifen, dass es sich um ein Phänomen handelt, dessen Ergebnis und Auswirkung nicht vorherzusehen sind. Selbst wenn das Motiv von Menschen, die Gewalt anwenden, durchaus anerkennenswert und ehrenhaft sein mag, kann man die Konsequenzen, die sich durch diese Gewalt ergeben, nicht absehen. Deshalb ist es immer besser, Situationen aus dem Weg zu gehen, die eigentlich gewaltsame Mittel erzwingen würden, was wiederum nicht heißt, dass man Toleranz und Geduld mit Unterwerfung und Duldung von Ungerechtigkeit verwechseln sollte.

Mitte

Waffen oder militärischer Druck unter bestimmten Umständen und zu gewissen Zeiten können eine halbwegs friedliche Lage herbeiführen. Auf lange Sicht jedoch ist es unmöglich, einen echten und dauerhaften Weltfrieden durch militärische Konfrontation, Hass und Argwohn herzustellen und zu sichern. Weltfriede kann sich nur durch geistige Friedfertigkeit, gegenseitiges Vertrauen und gebührenden Respekt voreinander entwickeln.

Mitte

Universelle Verantwortung

Zu fühlen, wie sehr wir alle, jeder von uns, verantwortlich sind für das Schicksal dieses Planeten und die Gemeinschaft aller Lebewesen; zu begreifen, welche tiefen Beziehungen zwischen Individuum und Kollektiv bestehen, und vor allem zu verstehen, dass unser wahres Mitgefühl nicht auf abstrakten Behauptungen basiert, sondern darauf, was wir wirksam in die Praxis umzusetzen vermögen. Universelle Verantwortung heißt außerdem, eine authentische Kultur der Gewaltlosigkeit zu etablieren und zu verstehen, wie wichtig Fortschritte auf diesem Gebiet sind und wie wichtig es ist, sich in dieser Richtung weiterzuentwickeln. Für mich bedeutet universelle Verantwortung, die Absurdität des Krieges zu begreifen, die Absurdität, so viele ökonomische Energien auf die Konstruktion von Kriegsgerät und den Erhalt von teuersten militärischen Einrichtungen zu verwenden. Universelle Verantwortung heißt, zu fühlen, dass wir alle der gleichen menschlichen Familie angehören, und dass wir alle ein gemeinsames Schicksal haben. Und schließlich meint universelle Verantwortung, optimistisch in die Zukunft zu blicken und trotz der Probleme, mit denen wir konfrontiert sind, an die Intelligenz und Güte der menschlichen Wesen zu glauben, an die Kraft unserer Qualitäten und zu wissen, wie wir eine Welt schaffen können, die auf Respekt, Toleranz, Dialogbereitschaft und Altruismus basiert, damit wir eine bessere Welt schaffen können.

Vision

Habt Vertrauen in euch selbst

Wir bewegen uns auf diesem Planeten gleichsam wie Touristen. Niemand von uns wird ewig hier leben. Die längste Lebensspanne mag 100 Jahre sein. Deshalb sollten wir, solange wir hier sind, aus unserem Leben etwas Fruchtbares und Nützliches machen. Ob uns nun nur wenige oder aber 100 Jahre Leben zugestanden werden – es wäre wahrhaft bedauerlich und traurig, wenn wir die Zeit damit verbrächten, die Probleme, das Leiden und die Sorgen anderer Menschen, Tiere und der Welt insgesamt zu verschlimmern. Das Wichtigste ist, ein guter Mensch zusein.

Mitte

Unter den Milliarden Menschen, die auf der Erde leben, bereitet sich die ältere Generation, zu der auch ich gehöre, darauf vor, sich von dieser Welt zu verabschieden. Die Jugend muss die Verantwortung für die Zukunft auf sich nehmen und erfüllen. Diesen jungen Menschen möchte ich zurufen: Erkennt eure Verantwortung, verwirklicht die in euch wohnenden Möglichkeiten und habt Vertrauen zu euch selbst. Verhaltet euch anderen gegenüber offen, helft ihnen, kümmert euch um sie und pflegt ein Bewusstsein von Zugehörigkeit bei aller Unterschiedlichkeit. Die Frische und Stärke, die euch Jugendliche auszeichnet, sollten nicht verblassen und nachlassen. Ihr müsst diese Lebensbegeisterung und Weltoffenheit bewahren und weitertragen.

Mitte

Glossar

Bodhicitta „Erleuchtungsgeist". Altruistisches Streben nach Erleuchtung zum Wohle aller Lebewesen.

Bodhisattva Eine Person, die ihre eigene Existenz vollständig dem Wohle aller Lebewesen widmet. Die selbst Befreiung erlangt hat, sich aber wieder manifestiert, um die anderen Lebewesen zur Befreiung zu führen.

Buddhaschaft Verwirklichung der vollkommenen Erleuchtung. Das Erlangen der Buddhaschaft ist für alle Wesen möglich und höchstes Ziel aller Lebewesen.

Dharma „Gesetz", „spiritueller Weg". Gesamtheit der Lehren des Buddha und der verwirklichten Meister.

Guru Spiritueller Meister.

Karma Ursache und Wirkung – jede geistige und körperliche Handlung hat eine Konsequenz und bestimmt somit das Schicksal.

Karuna Mitgefühl

Madhyamika Eine der größeren philosophischen Schulen des Mahāyāna-Buddhismus. Betont die Lehre von der Leerheit.

Mahāyāna	„Großes Fahrzeug". Name einer der Hauptrichtungen des Buddhismus, die besonders in Nepal, Tibet, China und Japan vertreten ist. Die Lehre basiert auf Mitgefühl.
Pratityasamupada	Lehre vom Entstehen in gegenseitiger Abhängigkeit.
Shantideva	Vertreter der *Madhyamika*-Schule. Der Legende nach ein Königssohn aus Indien, der im 7./8. Jh. als Mönch an der Klosteruniversität Nalanda wirkte. Verfasser eines bedeutenden Werkes über die Erlangung der Erleuchtung, das bis heute ein Haupttext im tibetischen Buddhismus ist.

Quellennachweis

Pfad   DALAI LAMA: Wie man besser leben kann. Der Pfad des Glücks, Verlag Herder Freiburg im Breisgau 2001, 2005

Vision   DALAI LAMA: Vision des Herzens. Güte verändert die Welt. Herausgegeben von Piero Verni, Verlag Herder Freiburg im Breisgau 1999

Mitte   DALAI LAMA: Tag für Tag zur Mitte finden. Lesebuch durch das Jahr. Herausgegeben von Renuka Singh, Verlag Herder Freiburg im Breisgau 2001

Weisheit   DALAI LAMA: Mitgefühl und Weisheit. Ein Gespräch mit Felizitas von Schönborn, Verlag Herder Freiburg im Breisgau 1994

Liebe   „Sieh an, er ist wie du". Friede erwächst aus Liebe und Mitgefühl. In: Eine Mystik, viele Stimmen. Leben aus der Spiritualität des Herzens. Herausgegeben von Gabriele Hartlieb und Christoph Quarch. © Verlag Herder Freiburg im Breisgau 2004

Weg   DALAI LAMA: Der Weg zum Glück. Sinn im Leben finden. Herausgegeben von Jeffrey Hopkins, Verlag Herder Freiburg im Breisgau 2002

Sinn   DALAI LAMA: Der Weg zum sinnvollen
Leben. Das Buch vom Leben und Sterben
Herausgegeben von Jeffrey Hopkins,
Verlag Herder Freiburg im Breisgau 2003

Friede   DALAI LAMA: Der Friede beginnt in dir.
Wie innere Haltung nach außen wirkt.
Herder spektrum 5128 © Scherz Verlag,
Bern 1994. Alle Rechte vorbehalten S. Fischer
Verlag GmbH, Frankfurt am Main

Buddhismus DALAI LAMA: Einführung in den Buddhismus. Die Harvard-Vorlesungen, Verlag
Herder Freiburg im Breisgau 1992

*Wir danken allen Rechteinhabern, die für diesen Band Ab-
druckgenehmigungen erteilten.*
*Wo Rechteinhaber nicht ausfindig gemacht werden konnten,
bleiben Honoraransprüche bestehen.*

HERDER spektrum

Die Botschaft des Dalai Lama

Dalai Lama
Wie man besser leben kann
Der Pfad des Glücks
Hg. von Renuka Singh – Band 5606

Wir können etwas tun für ein erfülltes Leben. Der Pfad des Glücks steht allen offen – daran erinnern diese Texte – voll unmittelbarer Energie.

Dalai Lama
Tag für Tag zur Mitte finden
Lesebuch durch das Jahr
Hg. von Renuka Singh – Band 5649

Kurze inspirierende Texte voller Lebenserfahrung, Weisheit und Gelassenheit, die entdecken helfen, worauf es wirklich ankommt.

Dalai Lama
Mit dem Dalai Lama den Tag beschließen
Hg. von Karin Lichtenauer – Band 5706

Den Weg zu Ruhe und Gelassenheit finden. Jeden Abend gut beenden. Und jeden Morgen anders aufwachen. Dazu laden diese Texte ein.

Dalai Lama / Howard C. Cutler
Glücksregeln für den Alltag
Band 5843

Das Glück ist nicht nur für besondere Gelegenheiten da, sondern auch im Alltag zu finden, sogar bei der Arbeit. Doch wir arbeiten immer mehr und sind immer weniger glücklich. Wie lässt sich die Spirale umkehren?

Dalai Lama
Das kleine Buch vom rechten Leben
Hg. von Dirk Kron – Band 5901

In diesem Buch zeigt sich der Dalai Lama als ebenso humorvoller Beobachter wie scharfsinnig-mitfühlender Kenner unserer alltäglichen Suche nach Liebe, Mitgefühl und Toleranz.

HERDER spektrum